KOCHEN

für LEIB und LEBEN

Louise Rivard

KOCHEN für LEIB und LEBEN

200 Rezepte
gegen den Krebs

Mit einer Einführung von Prof. Hademar Bankhofer

vgs EGMONT

Die Originalausgabe erschien 2006
unter dem Titel *200 recettes anti-cancer*
bei Les Publications Modus Vivendi Inc., Montréal/Kanada.

Deutschsprachige Erstausgabe: © 2008 vgs
verlegt durch EGMONT Verlagsgesellschaften mbH,
Gertrudenstraße 30-36, 50667 Köln

1. Auflage
Übersetzung: Susanne Lück
Redaktion: Katharina Tilemann
Produktion: Susanne Beeh
Umschlaggestaltung: HildenDesign, München | www.hildendesign.de
Satz: Achim Münster, Köln
Druck: Firmengruppe APPL, aprinta druck, Wemding
ISBN 978-3-8025-1764-8

www.vgs.de

Prof. Hademar Bankhofer ist einer der führenden Medizin-Journalisten und Medizin-Publizisten im deutschsprachigen Raum. Millionen kennen ihn aus Fernsehen, Hörfunk, aus Zeitungskolumnen und seinen Ratgebern.
Er ist seit dem Jahr 2000 Lehrbeauftragter an der Universität Leipzig, pflegt intensive Kontakte zu mehreren amerikanischen Universitäten und arbeitet seit über 20 Jahren eng mit dem Institut für Sozialmedizin an der Universität Wien zusammen. Er widmet sich überwiegend der Prävention.

Vorwort

Genussvoll gesund bleiben mit Messer, Gabel & Löffel

Ein Teller mit knackig frischen Blattsalaten in den Farben Grün und Rot, angerichtet mit Olivenöl, Honig und Zitronensaft. Danach Tomatensuppe. Als Hauptgericht zarter Fisch mit in Dampf gegartem Brokkoli. Und zum Dessert gemischte Beeren wie Himbeeren, Heidelbeeren, Brombeeren mit Joghurt. Ein himmlischer Genuss. Eine wahre Freude für den Gaumen. Aber hätten Sie gedacht, dass dieses Menü eine Arznei für den Organismus darstellt?
Jede einzelne dieser Speisen ist randvoll mit Vitalstoffen, die nicht nur gut schmecken, sie schützen und reparieren auch unsere Körperzellen und stärken unsere natürlichen Abwehrkräfte. Und damit sind sie eine hervorragende Vorsorge. Sie helfen uns, gesund zu bleiben. Und jeder einzelne Vitalstoff in diesem Menü senkt das Risiko für eine der schlimmsten Krankheiten, die uns Menschen bedroht: Es ist der Krebs.

Gleich vorweg, damit keine falschen Schlüsse gezogen werden und auch keine falschen Hoffnungen entstehen: Es gibt keine Ernährung, mit der man eine bereits vorhandene Krebserkrankung heilen kann. Es ist auch nicht möglich, sich mit hundertprozentiger Sicherheit vor Krebs zu schützen oder ihn zu verhindern. Doch es ist wissenschaftlich erwiesen, dass man im Vorfeld eine Menge tun kann. Das Risiko für die Entstehung von Krebs lässt sich nämlich senken. Und dabei spielt die tägliche Ernährung eine bedeutende Rolle.

Eine entscheidende Frage zu diesem Thema lautet: Wie entsteht Krebs? Man muss sich das so vorstellen: Je nach Größe und Gewicht besteht der menschliche Körper aus 60 bis 80 Billionen Zellen. Und diese Zellen sind unentwegt großen Gefahren ausgesetzt. Jede dieser Zellen wird innerhalb von 24 Stunden bis zu 10.000 Mal von feindlichen Substanzen attackiert. Das sind die sogenannten freien Radikale, hoch aggressive Schadstoffe, die aus Umweltbelastungen, extremer Sonnenbestrahlung und körpereigenem Stoffwechselmüll entstehen und in unserem Organismus ihr Unwesen treiben. Sie greifen unsere Körperzellen an, wollen sie schwächen, zerstören und bringen damit Impulse ein, welche die Zelle frühzeitig alt und krank werden lässt. Und während dieses verhängnisvollen Prozesses kann Krebs entstehen.

Wir müssen die Situation nüchtern betrachten: Tagtäglich wird in unserem Körper ein Kampf ausgetragen, denn die Zellen sind nicht wehrlos im Kampf gegen die freien Radikale. Zusätzlich kommen sogenannte Antioxidantien ins Spiel, Substanzen, welche die aggressiven Angreifer neutralisieren, ausschalten, unschädlich machen. Unsere Aufgabe ist es, dem Körper möglichst oft und möglichst viele dieser Antioxidantien zur Verfügung zu stellen, damit wir den Kampf gewinnen und unsere Zellen möglichst lange jung, fit und gesund erhalten können. Und damit kommen wir zur Ernährung. Zu einer gesundheitsfördernden, ausgewogenen Ernährung. Denn darin sind sie enthalten – die Antioxidantien: Vitamine, Mineralstoffe, Spurenelemente, Enzyme, sekundäre Pflanzenstoffe, auch Bioaktivstoffe genannt, aber auch Ballaststoffe.

Das bedeutet: Wenn wir all diese lebenswichtigen Substanzen, die unsere Zellen verteidigen, in aktiver Form aufnehmen und nutzen wollen, dann dürfen wir gegen den Hunger nicht irgendetwas zu uns nehmen, wir müssen unser Essen genau durchdenken. Was heißt das? Unsere Nahrung darf nicht zu reichhaltig, nicht zu fett, nicht zu salzig, nicht zu süß sein. Wir sollten Konservierungs- und andere Zusatzstoffe, wie etwa Geschmackverstärker und künstliche Farbstoffe, meiden. Wir sollten überwiegend zu Naturprodukten greifen, die nicht industriell verändert worden sind. Alles sollte so frisch und natürlich wie möglich auf den Tisch kommen. Und wir sollten reichlich Wasser trinken, damit Schadstoffe und Gifte so rasch wie möglich wieder aus dem Körper abtransportiert werden können.

Schon Hippokrates, der Vater der Medizin, hat im Rahmen seines Wirkens auf der griechischen Insel Kos in der Antike die Auffassung vertreten: Deine Nahrungsmittel sollen Heilmittel sein! Das sollte uns auch heute bewusst sein. Zahllose wissenschaftliche Studien weltweit beweisen: Man kann mit einer gezielten Ernährung das Risiko für viele Krankheiten senken. Dabei spielen die sekundären Pflanzenstoffe, die Bioaktivstoffe, eine sehr große Rolle. Wer von vielen Umweltschadstoffen bedroht ist, wie etwa Raucher oder Lkw-Fahrer, sollte zweimal die Woche Brokkoli essen, weil der darin enthaltene Stoff Sulforaphan dafür sorgt, dass die Schadstoffe rasch wieder aus dem Körper geschleust werden. Der blaue Farbstoff der wilden Heidelbeeren stärkt die Netzhaut des Auges. Meeresfisch stärkt Herz und Kreislauf, macht den Körper aber auch stark gegen Rheuma und andere Entzündungen.

Viele gesundheitliche Störungen können durch eine kluge Ernährung verhindert werden. Das gilt auch für Krebs. Dazu gibt es zahllose Studien, die deutlich aussagen: Überall dort, wo regelmäßig und reichlich Obst und Gemüse – also pflanzliche Kost – in den Speiseplan eingebaut ist, treten bestimmte Formen von Krebs weit weniger auf. So hat eine Studie in Schweden im Jahr 2006 nachgewiesen: Pflanzliche Hormonstoffe wie etwa die Isoflavone in Sojaprodukten und die Lignane im Leinsamen und Roggenbrot sowie die Pflanzenhormone in Walnüssen, Beerenfrüchten, Sonnenblumenkernen senken das Krebsrisiko. Aber auch die Omega-3-Fettsäuren aus Meeresfisch wurden in amerikanischen Studien als Schutzsubstanzen zur Senkung des Krebsrisikos ausgemacht.

Gesundheitsförderndes Essen kann auch köstlich schmecken. Daher kann man mit Genuss etwas für die Gesundheit im Kampf gegen viele Krankheiten und auch gegen die Bedrohung durch Krebs tun. Die Rezepte im vorliegenden Buch beweisen das. Sie werden begeistert sein, mit welchen Köstlichkeiten man Gesundheitsvorsorge betreiben kann. Das ist wohl die angenehmste Form, Prävention mit Messer, Gabel und Löffel zu betreiben. Machen Sie mit! Sie werden sich wohlfühlen, mit mehr Vitalität durchs Leben gehen, werden länger jung bleiben.

Viel Spaß beim Lesen und viele Gaumenfreuden beim Genuss der Rezepte wünscht Ihnen Ihr

Prof. Hademar Bankhofer

Einleitung

Die wichtigsten Lebensmittel, die Leib und Leben schützen

Blättern Sie in diesem einzigartigen Kochbuch von Louise Rivard. Erfreuen Sie sich an den Fotos der köstlichen Mahlzeiten. Und dann nehmen Sie sich die Zeit und bereiten einige dieser Speisen zu. Sie werden begeistert sein – und diese Begeisterung auch bei Ihren Gästen hervorrufen. Vor allem dann, wenn Sie ihnen nach dem Genuss erklären, dass Sie soeben eine Naturarznei serviert haben.

Dass unsere Nahrung das Risiko für die Entstehung von Krebs senken kann, ist eine beruhigende Vorstellung, die auch von kompetenter Stelle bestätigt wird. Die deutsche Gesellschaft für Ernährung betont, dass Obst und Gemüse im Speiseplan das Risiko, an Krebs zu erkranken, vermindert. Internationale Statistiken zeigen, dass falsches Essen gefährlich sein kann: Etwa 37 Prozent der Krebserkrankungen sind auf gesundheitsbelastende Ernährung zurückzuführen. Viele Menschen essen zu fett, nehmen zu viele tierische Fette auf. Sie konsumieren zu viele einfache und leere Kohlenhydrate, die den Stoffwechsel überfordern und die Bauchspeicheldrüse stressen. Sie verwenden zu viel Salz und verzehren viel zu viel Süßes. Außerdem wird der Organismus durch Zusatzstoffe, Giftstoffe, durch falsche Zubereitung wertvoller Naturprodukte und durch ein Übermaß an Fertiggerichten belastet. Bevor Sie sich mit den einzelnen Rezepten des Buches befassen, sollten Sie sich einmal einen kleinen Überblick verschaffen: Wo lauern krebsfördernde und krebserregende Stoffe in unserer täglichen Nahrung? Und was sind das für Stoffe, die uns gefährlich werden können?

- Ein Glas Rotwein gilt als gesundheitsfördernd. Es kann aber nicht oft genug betont werden, dass hier Alkohol im Spiel ist, der in größeren Mengen der Leber, den Nieren und dem Hirn schadet. Alkohol treibt vor allem Vitamine, Mineralstoffe und Spurenelemente aus der Zelle. Er raubt uns somit den wichtigen Zellschutz. Und er hinterlässt, wenn er im Körper abgebaut wird, Giftstoffe, die den Darm belasten.

- In vielen Nahrungsmitteln kann man Nitrite und Nitrate nachweisen, die bei der Verdauung oder beim Erhitzen in krebserregende Nitrosamine umgewandelt werden. Das trifft auf Treibhaus-Salat ebenso zu wie auf Spinat und vor allem auf Gemüsesorten, die nitratreich gedüngt werden. Besonders gefährlich wird es, wenn man geräucherte oder gepökelte Lebensmittel – Speck und fast alle Wurstwaren – erhitzt, was zum Beispiel beim Grillen und Braten geschieht. Dabei entstehen riesige Mengen an Nitrosaminen. Die Gefahr durch diese krebserregenden Stoffe ist im Körper dann besonders groß, wenn zu wenig Vitamin C vorhanden ist. Vitamin C kann die Entstehung von Nitrosaminen verhindern oder zumindest blockieren.

- Wenn wir im Supermarkt einkaufen, gibt es viele Lebensmittel, die mit künstlichen Farbstoffen versehen sind. Dazu gehören manche Joghurts, Dessertcremes, Limonaden. Viele dieser Farbstoffe belasten den Organismus. Sie müssen heutzutage auf den Verpackungen angegeben sein und können deshalb leicht gemieden werden.

- Beim Grillen und Braten von Fleisch entstehen Giftstoffe, allen voran polyzyklische aromatische Kohlenwasserstoffe, kurz PAK genannt. Einer dieser Stoffe ist das Benzpyren. Es entsteht vor allem dann, wenn Fett vom Fleisch durch den Rost auf die Glut tropft. Da steigen die Gifte mit dem Rauch auf und setzen sich am Fleisch fest. Ebenso gefährlich sind heterozyklische Amine – kurz ACAs genannt. Sie sind dort zu finden, wo das Fleisch sehr dunkel geworden ist. Auch diese Stoffe fördernd das Krebsrisiko und machen uns frühzeitig alt.

- Nach wie vor konsumieren wir mit vielen Fertiggerichten sogenannte Transfette. Das sind Fette, die von der Industrie gehärtet, also so bearbeitet werden, dass sie lange halten und auch die daraus erzeugten Lebensmittel lange haltbar machen. Sie stehen im Verdacht, Herz und Kreislauf zu gefährden und werden von vielen Wissenschaftlern auch als krebsfördernd eingestuft. Man sollte daher beim Kauf von Fertigwaren im Supermarkt genau auf den Etiketten lesen, ob „gehärtetes Pflanzenfett" oder „pflanzliches Fett, teilweise gehärtet" angegeben ist.

- Riesige Mengen an fettem Fleisch und Wurstwaren erhöhen ebenfall das Darmkrebsrisiko. Das haben Studien an der amerikanischen Universität Dallas nachgewiesen: Um das Fett zu bewältigen, produziert die Leber große Mengen an Gallensäure. Diese wird von Enzymen in Lithocholsäure umgewandelt. Und die hat in großen Mengen im Dickdarm schädliche Auswirkungen. Man vermutet, dass sie krebserregend wirkt, da man bei Patienten mit Dickdarmkrebs sehr oft hohe Konzentrationen dieser Säure im Dickdarm nachweisen kann.

- Wann immer man heutzutage Süßes ist, stellt man fest, dass es zu viel Zucker enthält, mitunter penetrant süß schmeckt. Das verdirbt den Geschmack und schadet der Gesundheit. Italienische Wissenschaftler gehen davon aus, dass ein zu hoher Zuckerkonsum das Risiko für Brust-, Eierstock- und Gebärmutter-Krebs erhöht. Sie haben beobachtet, dass zu viel Zucker in der Nahrung den Insulinspiegel erhöht und dass diese großen Mengen an Insulin sehr viele Sexualhormone aktivieren. Und damit kann der Nährboden für Krebs geschaffen werden.

- Man darf aber nicht vergessen, dass auch die Natur in vielen Lebensmitteln eine Krebsgefahr schafft – durch Aflatoxine in Schimmelpilzen. Aflatoxine fördern die Anfälligkeit für Krebs, speziell für Leberkrebs. Daher Hände weg bei Schimmelpilzbefall von Brot, Konfitüren, Nüssen und anderen Naturprodukten.

Man sieht, es lauern viele Gefahren, die die Entstehung von Krebs begünstigen. Doch man kann natürliche Kräfte dagegensetzen. Dazu muss man wissen, welche Lebensmittel besonderen Schutz bieten, welche Vitalstoffe unsere Immunkraft stärken, welche Schäden in den Körperzellen repariert werden können. Und da spielen bestimmte Obst- und Gemüsesorten eine bedeutende Rolle. Sie finden diese Naturprodukte in den Rezepten des Buches. Und Sie erfahren auch, wie diese Produkte sorgsam und schonend zubereitet und kombiniert werden sollten, damit sie möglichst viele Wirkstoffe im Kampf gegen das frühzeitige Altern und Krankwerden liefern.

Es gibt keine Krebs-Diät! Allein der Name könnte zu einem Missverständnis führen und manche Menschen zu dem Gedanken verleiten, man könnte mit einer speziellen Diät Krebs behandeln. Das ist gefährlicher Unsinn. Doch die gute Nachricht ist: Es stehen uns eine Reihe von Lebensmitteln zur Verfügung, die das Krebsrisiko entscheidend senken können. Um das zu belegen, gibt es zahlreiche klinische und epidemiologische Studien. Nahrungsmittel, denen jahrzehntelang keine große Beachtung geschenkt wurde, gelten mittlerweile als wichtige Waffen, wenn es darum geht, das Entstehen von Krebs abzubremsen. Man spricht heute in der Medizin von antikanzerogenen Lebensmitteln. Zu diesen „Gesundheits-Stoffen" gehören zum Beispiel Milchsäure- und Brotsäure-Bakterien, wie wir sie in den Joghurt-Kulturen und im klassischen Brottrunk finden. Aber auch nahezu alle Verbindungen, die Obst und Gemüse ihre Farbe verleihen. Sie gehören zu den sekundären Pflanzenstoffen, von denen wir erst seit ein paar Jahren wissen, welche ungeheure Kraft in ihnen steckt.

Sie werden in diesem Buch mit vielen dieser Gesundheits-Lebensmittel Bekanntschaft machen, werden sie schätzen lernen und dabei erleben, wie wunderbar man Gaumenfreuden mit Gesundheit verbinden kann. Früher stand die Reparatur-Medizin im Vordergrund. Man kümmerte sich nicht um seinen Körper, solange man gesund war. Heute weiß man, dass jeder selbst eine Menge tun kann, um gar nicht erst krank zu werden. Und dabei spielt eine vernünftig durchdachte Ernährung eine wichtige Rolle. Jeder, der nicht nur für den Gaumengenuss, sondern auch fürs Gesundbleiben kochen möchte, sollte diese Lebensmittel und ihren Wirkmechanismus kennen.

Ballaststoffe: die Müllabfuhr im Darm

Internationale Studien weisen nach: Wer jeden Tag 30 Gramm Ballaststoffe zu sich nimmt, fördert nicht nur eine harmonische Verdauung, sondern senkt auch das Risiko für Dickdarmkrebs um bis zu 40 Prozent. Die nicht verdaulichen Pflanzenfasern binden krebserregende Stoffe und transportieren sie aus dem Körper. Das ist ein wertvoller Entgiftungsprozess. Zu den wichtigsten Ballaststofflieferanten gehören Vollkornbrot, Hülsenfrüchte, Obst und Gemüse.

Obst & Gemüse sind Krebsschutz

Obst und Gemüse sind in der Krebs-Prävention so interessant, weil sie mit zahllosen Antioxidantien ausgerüstet sind, die wir gegen die hoch aggressiven freien Radikale in den Kampf schicken können. Wer täglich fünf Portionen Obst und Gemüse konsumiert (jeweils eine Handvoll), der kann nach Aussagen der Deutschen Gesellschaft für Ernährung – auf Grund der Auswertung mehrerer Studien – das Krebsrisiko um bis zu 28 Prozent senken. Dabei spielen die Vitamine, Mineralstoffe, Spurenelemente und Bioaktivstoffe eine große Rolle.

Scharfe Senföle schaffen eine Krebs-Barriere

Wer sein Krebsrisiko senken und seine Körperzellen lange gesund und fit halten möchte, der sollte oft Rettich, Radieschen, Kresse und Senf in den Speiseplan einbauen. Die scharfen Senföle, die wir mit diesen Naturprodukten tanken, machen Jagd auf schädliche Stoffe. So weiß man heute, dass unsere Vorfahren völlig richtig gehandelt haben, als sie sich angewöhnten, heiße Würste oder gebratenes Fleisch mit Senf zu verspeisen. Die Senföle neutralisieren viele Schadstoffbelastungen, die durchs Erhitzen in Fleisch und Wurst entstehen. Das schaffen auch die Gewürze Oregano und Salbei. Daher ist es sinnvoll, beim Braten oder Grillen Fleisch mit diesen Gewürzen einzureiben.

Kohlgemüse schützt den Darm

Es werden heutzutage viel zu wenig Kohlgemüsesorten gegessen. Zum Glück wurden sie in den letzten Jahren von den Sterneköchen neu entdeckt und gelangten auf diese Weise auf die Teller der Bevölkerung. Kohlgemüse ist wenig beliebt, weil es früher ein Arme-Leute-Essen war. Die moderne Ernährungswissenschaft weist nach, dass alle Kohlgemüsesorten das Risiko für Darmkrebs und Darmgeschwüre erstaunlich senken können. Dazu gehören Weißkohl, Rotkohl, Grünkohl, Wirsing, Blumenkohl, Rosenkohl, Chinakohl und Brokkoli. Sie bremsen die Darmpassage des Speisebreis. Dieser holt aus allen Darmfalten Giftstoffe und Stoffwechselabfälle und entfernt sie aus dem Darm. Außerdem liefern alle Kohlgemüse den sogenannten „Anti-Ulcus-Faktor", der den Darm vor Darmschleimhaut-Entzündung und Geschwüren schützt. Zweifelsohne spielt bei den Kohlgemüsen auch der Gehalt an Vitamin C eine Rolle, der durch eine spezielle Enzym-Kombination auch bei längerem Kochen nicht zerstört wird. Eine besondere Bedeutung kommt auch dem Brokkoli zu, der durch den Bioaktivstoff Sulforaphan einen besonderen Krebs-Schutz darstellt, weil er spezielle Entgiftungs-Qualitäten aufweist. Auch der Blumenkohl spielt für das Senken des Krebsrisikos eine interessante Rolle. Er liefert die Energie-Substanz Glutathion, die aus drei Enzymden gebildet wird. Glutathion gilt in der Krebsforschung als wichtige Stärkung der Immunkraft, weil es seine Schutzwirkung vom Zellkern aus ausübt.

Penetranter Geruch, der uns Schutz bietet

Was hinterlässt nach so manchem kulinarischen Genuss einen penetranten Geruch? Das sind Knoblauch, Zwiebel, Lauch, Schnittlauch und Porree. Der Geruch kommt von Schwefelmolekülen. Sie werden hoch aktiv, sobald sie beim Zubereiten der Speisen oder bei ihrem Verzehr mit Sauerstoff in Verbindung treten. Typisches Beispiel ist das Allin des Knoblauchs, das zu Allicin wird. Dieses schützt uns vor Nitriten in den konservierten Lebensmitteln. Im Allicin sollen sich bis zu 20 Verbindungen befinden, die alle krebsrisikosenkende Eigenschaften haben. Die Zwiebel liefert den Bioaktivstoff Quercetin, der nicht nur vor Allergien schützt, sondern auch Bedeutung in der Krebs-Prävention hat.

Der rote Farbstoff der Tomate hat Anti-Krebs-Power

Mit der Identifizierung des roten Farbstoffes Lycopin in der Tomate hat man eine wertvolle Naturkraft entdeckt, die das Risiko für Krebs senken kann. Man muss sich das konkret so vorstellen: Wenn jemand ein Stück Brot mit Räucherspeck oder mit Wurst isst, dann weiß man, dass Wurst und Speck mit Nitratsalzen hergestellt wurden. Diese Nitrate werden beim Verzehr und bei der Verdauung in krebserregende Nitrosamine umgewandelt. Diese Umwandlung kann der rote Farbstoff Lycopin aus der Tomate verhindern oder zumindest abbremsen. Besonders intensiv ist dieser Wirkmechanismus dann, wenn die Tomate erhitzt wurde. Daher spielen Tomatensoße, in Öl geschmorte Tomaten, Tomatensaft, Tomatensuppe und Ketchup ohne Zucker in der Krebsprävention eine besondere Rolle; speziell, wenn etwas Pflanzenöl hinzugefügt wird, weil Lycopin fettlöslich ist.

Soja-Proteine werden zu Anti-Krebs-Substanzen

Sojabohnen, Sojapulver und Tofu liefern über die daraus hergestellten Speisen Isoflavone, Pflanzenhormone, denen man krebsrisikosenkende Wirkung nachsagt. Dazu kommt, dass amerikanische Studien schon vor Jahren nachgewiesen haben, dass ein Teil der Soja-Proteine bei der Auswertung im menschlichen Körper zu Anti-Krebs-Substanzen umgewandelt werden, welche das Risiko beim Mann für Prostata-Krebs senken und bei der Frau für Brustkrebs. Soja ist in Mitteleuropa nicht sehr beliebt und birgt eine Gefahr: Es gibt Menschen, die Soja nicht vertragen und eine Allergie entwickeln können.

Beeren sind die „Könige der Antioxidantien"

Erdbeeren, Himbeeren, Brombeeren, schwarze Johannisbeeren und Heidelbeeren, oft auch als Blaubeeren bezeichnet, zählen zu den wertvollsten Präventions-Lebensmitteln, was die Entstehung von Krebs betrifft. Ihr dunkler Farbstoff Anthocyan entwickelt ungeheure Kräfte, wenn es darum geht, Schäden an der menschlichen Zelle zu verhindern und zu reparieren. Ähnliche Eigenschaften hat der Farbstoff der reifen, dunklen Kirschen. Das Anthocyan ist ein hoch aktives Antioxidanz im Kampf gegen die aggressiven freien Radikalen, die den Weg für Krebs in der Zelle vorbereiten können.

Auch ein Gewürz hilft bei der Krebsabwehr

Kurkuma – die Gelbwurz – ist den meisten als Bestandteil von Curry bekannt. In Indien und China gilt es schon lange als Heilgewürz. Der Hauptwirkstoff Kurkumin soll sowohl das Risiko für Alzheimer als auch das für Krebs senken. Das Kurkumin wird in der Lebensmittelindustrie zum Färben von Senf verwendet, allerdings in sehr niedriger Dosierung. Die positive Wirkung von Kurkuma verstärkt sich enorm, wenn man ihn mit Pfeffer vermischt.

Fisch und Leinöl verteidigen uns gegen Attacken

Wenn es darum geht, unser Herz und unsere Körperzellen vor Attacken von Schadstoffen zu schützen, sollten wir in der Küche nicht auf Fisch, Leinöl und Walnüsse verzichten. Sie alle liefern uns wertvolle Omega-3-Fettsäuren, die das Risiko für Herzinfarkt und Krebs senken. Der menschliche Körper bekommt Omega-3-Fettsäuren mit der Muttermilch, kann sie aber selbst nicht erzeugen, muss sie also über die Nahrung zuführen. Die wertvollsten Quellen für Omega-3-Fettsäuren sind fette Meeresfische wie Makrele, Hering, Thunfisch, Lachs, Sardinen, die Regenbogenforelle, Walnüsse und Leinöl. Machen Sie mehrmals im Jahr eine Kur und trinken Sie jeweils zwei Wochen lang jeden Morgen einen Viertelliter Tomatensaft mit zwei Esslöffeln Leinöl und einem Spritzer Limonensaft.

Meeresfische verfügen über einen weiteren wichtigen Inhaltsstoff. Sie versorgen uns mit dem wichtigsten Spurenelement, das unser Krebsrisiko senken kann. Und das ist Selen.

Vitamin C kann das Keimen von Krebszellen hemmen

Sie werden in diesem Buch viele Rezepte mit Zitrusfrüchten entdecken. Das hat einen besonderen Grund: Orangen, Zitronen, Mandarinen, Grapefruits und Limetten sind klassische Vitamin-C-Lieferanten. Außerdem versorgen Sie uns mit Bioflavonoiden. Diese Kombination kann hilfreich sein, wenn sich in einer lädierten Zelle die ersten Anzeichen einer Entwicklung andeuten, die zu Krebsbildung führen können. Amerikanische Studien sagen dem Vitamin C schon lange eine risikosenkende Wirkung für Magen- und Darmkrebs nach.

Der grüne Tee als Bodyguard gegen den Krebs

Grüner Tee enthält besonders große Mengen an Vitamin C und Polyphenolen. Sie sind der wichtigste Inhaltsstoff im grünen Tee. Es gibt zwei Arten von Polyphenolen: Gerbstoffe und EGCG-Substanzen. Die Gerbstoffe beruhigen Magen und Darm, schalten schädliche Bakterien aus und beugen damit entzündlichen Magen- und Darmstörungen vor. Die EGCG-Stoffe haben in erster Linie krebshemmende und blutverdünnende Eigenschaften.

Japanische Wissenschaftler haben herausgefunden: In Gegenden, in denen viel grüner Tee getrunken wird, treten nur ganz selten Haut- und Magenkrebs auf. Der grüne Tee senkt aber auch das Risiko für Lungenkrebs. Daher sollte jeder Raucher täglich drei Tassen trinken. Weitere Studien wurden am Physiologischen Institut von Kiew an der Wissenschaftlichen Akademie von Moskau, am Medical College von Kalkutta und an mehreren renommierten japanischen Universitäten durchgeführt. Daraus geht hervor: Mit grünem Tee wird eine Entgiftung des Organismus eingeleitet, und damit kommt es zu einer Vorsorge gegen Krebs. Dem japanischen Mediziner Prof. Dr. Hirota Fujiki, einem ehemaligen Mitarbeiter des Max-Planck-Instituts in München und heutigem Direktor des Saimata-Krebsforschungsinstituts in Komuro ist es gelungen, eine krebshemmende Substanz im grünen Tee zu isolieren: das Epigallo-Catechin-Gallat – EGCG. Diese Substanz zeigt im klinischen Versuch eine hemmende Wirkung auf karzinogene Zellen in Lunge, Magen, Darm, Leber und in der Haut.

Schokolade kann ein wenig mithelfen

Wenn jemand gern Süßes isst und Schokolade liebt, dann muss er nicht darauf verzichten. Allerdings sollte er sich grundsätzlich für Schokolade entscheiden, die einen hohen Kakaoanteil von 70 bis 80 Prozent aufweist. Sie hat fast kein Fett und ist reich mit dem Schutzstoff Resveratrol ausgestattet, der auch im Rotwein zu finden ist und der neben seiner herzstärkenden und blutverdünnenden Eigenschaft als risikosenkender Stoff für Krebs gilt. Die dunkle Schokolade besitzt einen weiteren Vorteil: Wer sie genießt, greift seltener zu anderen Desserts und Süßigkeiten. Das kann die Gewichtszunahme, einen erhöhten Cholesterinspiegel und damit in gewisser Weise die Krebsgefahr verringern, weil nachgewiesen ist: Übergewicht erhöht bei manchen Menschen das Risiko für bestimmte Krebsarten.

Zum gesunden Essen gehört ein gesunder Lebensstil

Vor Ihnen liegt ein Buch, randvoll mit Rezepten für Ihre Gesundheit, für Leib und Leben. Es sind Rezepte, die helfen können, das Krebsrisiko zu senken. Dabei aber muss uns allen klar sein: Es genügt nicht, diese Mahlzeiten zu konsumieren und zu denken, damit sei alles zu unserer Sicherheit getan – nach dem Motto: „Ich bewege mich nicht, ich rauche, ich habe viel Stress, aber ich esse ja präventiv!"
So einfach geht es nicht! Wer sich mit den hervorragenden Rezepten dieses Buches, die jahrelang von Ärzten getestet worden sind, befasst und damit seinen Speiseplan bereichert, der sollte natürlich begleitend einen gesunden und vernünftigen Lebensstil pflegen. Das bedeutet: nicht rauchen, nur sehr sparsam Alkohol trinken, Stress, Streit und Kränkungen meiden, regelmäßig moderate sportliche Bewegung einplanen, Kontakt zu lieben Freunden halten und wenigstens einmal am Tag von Herzen lachen. Das wird nicht immer möglich sein, aber einen Versuch ist es wert!

In diesem Sinn öffne ich nun die Küchentür und lade Sie ein: Kommen Sie mit mir ins Reich der heilsamen Genüsse, die Ihnen helfen werden, möglichst lange gesund, fit und vital durchs Leben zu gehen. Sie werden sehen: Es ist für jeden etwas dabei, sogar für jene, die sehr selten kochen und sich höchstens Zeit für schnelle Gerichte nehmen. Das Buch will allen eine Chance geben, den Weg zur gesunden Ernährung zu finden …

Inhalt

Leckere Rezepte zum Entdecken …

Übersicht

von Zutaten mit bekannter krebsvorbeugender Wirkung

Gemüsesorten

Artischocke, Aubergine, Avocado, Bohnen, Erbsen, Fenchel, grüner Salat, Karotte, Kartoffel, Paprika, Rote Bete, Sellerie, Spargel, Spinat, Sprossen, Süßkartoffel

Kreuzblütler

Blumenkohl, Brokkoli, Brunnenkresse, Chinakohl, Grünkohl, Kohlrabi, Pak-Choi, Radieschen, Rettich, Romanesco, Rosenkohl, Rotkohl, Rüben, Weißkohl, Wirsingkohl

Knoblauch und Zwiebeln

Frühlingszwiebel, Gemüsezwiebel, Knoblauch, Perlzwiebel, Porree, Schalotte, Schnittlauch, Zwiebel

Tomaten

alle Tomatensorten, Tomatenketchup, Tomatenmark, Tomatensauce

Obstsorten

Ananas, Apfel, Aprikose, Banane, Birne, Cantaloupe-Melone, Guave, Honigmelone, Kiwi, Mango, Papaya, Pfirsich, Pflaume, Wassermelone, Weintrauben

Zitrusfrüchte

Grapefruit, Limette, Mandarine, Orange, Zitrone

Rote Beeren

Brombeere, Cranberry, Erdbeere, Himbeere, Heidelbeere, Johannisbeere, Kirsche

Weizen

Kamut-Weizen, Weizenvollkornmehl, Weizenkleie

Soja

Miso, Sojabohnen, Sojamilch, Sojaöl, Sojasauce, Sojasprossen, Tofu

Gewürze

Chili, Ingwer, Kardamom, Koriandersamen, Kreuzkümmel, Kurkuma, Muskat, Nelken, Rosenpaprika, Sternanis, Zimt

Omega-3

div. Fischarten (z. B. Forelle, Hering, Lachs, Makrele), Kerne (z. B. von Kürbis, Pinie, Sonnenblume), Leinsamen, Meeresfrüchte Nüsse (z. B. Hasel, Pekan-, Walnuss), Olivenöl, Rapsöl, Sesam

Schokolade

Bitterschokolade mit mindestens 70 % Kakaoanteil

Wein

Rotwein

Grüner Tee

dekoffeinierter grüner Tee, Matcha-Teepulver, Sencha-Tee

Diverses

Algen jeder Art, Kapern, Kräuter (z. B. Basilikum, Dill, Estragon, Koriander, Minze, Petersilie, Thymian), Pilze

Hinweis

Die Zutaten mit bekannter krebsvorbeugender Wirkung sind in den folgenden Rezepten farblich abgesetzt, um sie auf den ersten Blick erkennen zu können.

Vorspeisen und Beilagen

Crostini

Bei Crostini rechnet man pro Person 3 bis 4 Scheiben Baguette. Für die Zubereitung den Backofen auf 200 °C vorheizen. Das Brot in 1 cm dicke Scheiben schneiden und dünn mit Öl bestreichen. Auf einem mit Backpapier ausgelegten Blech 5 Minuten goldbraun backen.

Tipp

Für ein pikantes Knoblaucharoma die Brotscheiben mit einer halbierten Knoblauchzehe einreiben.
Als originelle Variante können Sie den Belag auch auf Tortillas servieren, die im Ofen aufgebacken und über der Füllung zusammenklappt werden.

Tapenade mit getrockneten Tomaten, 4 Portionen

- 50 g getrocknete Tomaten
- 50 g schwarze (Kalamata-)Oliven, entsteint
- 1 Sardellenfilet
- 1 TL fein gehackter Knoblauch
- 1 TL frisch gehacktes Basilikum
- 1 TL frisch gehackte Petersilie
- 1 TL frisch gepresster Zitronensaft
- natives Olivenöl extra
- 1 Prise Kurkuma
- frisch gemahlener Pfeffer

Tomaten 30 Minuten in heißem Wasser einweichen oder in Olivenöl eingelegte Tomaten verwenden. Tomaten, Oliven und Sardellenfilet fein hacken. Kräuter, Zitronensaft und Olivenöl untermischen. Mit Kurkuma und Pfeffer abschmecken. Die warmen Crostinis mit der Tapenade bestreichen.
Für eine cremigere Variante alle Zutaten im Mixer unter Zugabe von zusätzlichem Olivenöl glatt pürieren.
Die Tapenade kann man auch auf Crackern servieren oder als Füllung für kleine Tomaten oder Minipaprika verwenden. In einem luftdicht verschlossenen Behälter hält sie sich im Kühlschrank bis zu 2 Wochen.

Oliven-Sardellen-Crostini, 4 Portionen

- 30 schwarze (Kalamata-)Oliven, entsteint
- 2 Sardellenfilets, abgetropft
- 3 EL Kapern
- 1 Knoblauchzehe
- 1 EL frisch gepresster Zitronensaft
- natives Olivenöl extra
- 1 TL frisch gehackter Thymian
- 1 Prise Kurkuma
- frisch gemahlener Pfeffer

Oliven, Sardellen, die gründlich gespülten Kapern und Knoblauch fein hacken. Etwas Zitronensaft und so viel Olivenöl unterrühren, dass sich eine schöne Konsistenz ergibt. Mit Thymian, Kurkuma und Pfeffer abschmecken und die gerösteten Crostinis damit bestreichen.
Für eine cremigere Variante alle Zutaten im Mixer unter Zugabe von zusätzlichem Olivenöl glatt pürieren.
In einem luftdicht verschlossenen Behälter hält sich die Mischung im Kühlschrank bis zu 2 Wochen.

Frischkäse-Crostini, 4 Portionen

- 6 Kirschtomaten
- 60 g Ziegenfrischkäse
- 1 Sardellenfilet, fein gehackt
- 2 TL gehackte rote Zwiebel
- 1 Prise Kurkuma
- frisch gemahlener Pfeffer

2 Tomaten zum Garnieren beiseitelegen, die übrigen mit Olivenöl bestreichen, auf ein Backblech setzen und im Ofen bei 100 °C 30 bis 40 Minuten backen. Abkühlen lassen. Die übrigen Zutaten zu einer Creme verrühren. Die gebackenen Tomaten fein schneiden und hinzugeben. Creme mit Kurkuma und Pfeffer abschmecken und mit frischen Tomatenscheiben garniert auf den Crostinis servieren.

Tapenade mit getrockneten Tomaten

Crostini

Tomaten-Crostini, 4 Portionen

- 4 Tomaten (500 g)
- 1 Knoblauchzehe
- 10 frische Basilikumblätter
- 4 EL natives Olivenöl extra
- Zitronensaft nach Geschmack
- Salz und frisch gemahlener Pfeffer

Tomaten unten einritzen und maximal 2 Minuten zum Überbrühen in kochendes Wasser tauchen. Mit kaltem Wasser abschrecken und sofort schälen. Sehr saftige Tomaten entkernen. Das Fruchtfleisch in kleine Würfel schneiden. Knoblauch und Basilikum fein hacken. Olivenöl, Zitronensaft, Salz und Pfeffer in einer Salatschüssel verrühren. Die anderen Zutaten zugeben und gut vermengen. Kurz vor dem Servieren die Tomatenmischung auf den Crostini oder auf getoasteten Brotscheiben anrichten.
In einem luftdichten Behälter im Kühlschrank hält sich die Mischung bis zu einer Woche.

Tipp
Wenn Sie keine Knoblauchstückchen im Belag haben möchten, reiben Sie einfach die geölten Brotscheiben mit einer halbierten Knoblauchzehe ein.

Geflügelleber-Crostini, 4 Portionen

- 125 g Hähnchenleber
- 1 TL frischer Thymian
- 1 Knoblauchzehe, gehackt
- geriebener Muskat (nach Geschmack)
- gehackte Petersilie
- 1 kleines Sardellenfilet
- 5–6 Kapern
- 1 Eigelb
- Olivenöl
- Salz und frisch gemahlener Pfeffer

Hähnchenleber mit Thymian in einer beschichteten oder mit Öl eingefetteten Pfanne von beiden Seiten kurz anbraten, bis sie fast durch ist. Knoblauch, Muskat und Petersilie zugeben und 1 Minute mitbraten. In einen Mixer geben und Sardellenfilet, Kapern sowie Eigelb zufügen. Alles zu einer glatten Creme pürieren, Olivenöl nach Bedarf zugeben. Mit Salz und Pfeffer abschmecken, auf Crostinis streichen und sofort servieren.
In einem luftdichten Behälter im Kühlschrank aufbewahrt, hält sich die Creme bis zu einer Woche.

Avocado-Mango-Crostini, 4 Portionen

- 1 Avocado
- 1/2 Mango
- 1 TL Knoblauchblüten
- 1 TL Olivenöl
- 1/2 TL Limettensaft
- 5–6 gehackte Pinienkerne
- frisch gemahlener Pfeffer
- 1 Prise Kurkuma

Avocado und Mango in kleine Würfel schneiden und in eine Schüssel geben. Knoblauchblüten, Öl, Limettensaft und Pinienkerne untermischen. Mit Pfeffer abschmecken und auf den Crostini anrichten.
In einem luftdichten Behälter im Kühlschrank hält sich die Mischung mindestens eine Woche.

Tipp
Um die ganze Mango auf einmal zu verarbeiten, die Zutaten einfach verdoppeln. Die Pinienkerne können auch durch Pistazien ersetzt werden.

Avocado-Mango-Crostini

Graved Lachs

mit Koriander

4 Portionen

1 TL schwarze Pfefferkörner	
1 TL Koriandersamen	
125 g grobkörniges Salz	
125 g Zucker	
150 g frisches Lachsfilet	

Pfeffer und Koriander in einem Mörser oder mit einer Kaffeemühle zermahlen. Zusammen mit Salz und Zucker in eine flache Schale geben und alles miteinander vermengen. Das Fischfilet hineinlegen, auch von oben mit der Salz-Zucker-Mischung bestreuen und mit Frischhaltefolie abdecken. Mit Konserven oder anderen Gewichten beschweren und 24 bis 48 Stunden im Kühlschrank ziehen lassen, dabei möglichst alle 12 Stunden wenden. Das Filet abspülen und mit einem scharfen Messer dünn aufschneiden.

Tipp

Sie können bei den Gewürzen auch variieren oder braunen Zucker nehmen (Salz- und Zuckermenge jedoch nicht ändern).

Graved Kräuterlachs

mit Kräutern gebeizter Lachs

Hierfür die gleichen Zutaten wie im Rezept oben verwenden, jedoch den gemahlenen Koriander durch getrockneten Estragon und Schnittlauch ersetzen. Wenn Sie frische Kräuter verwenden möchten, muss der Fisch komplett mit den Kräutern bedeckt und fest in Folie eingewickelt sein. Es können gut mehrere Lagen Lachsfilet und Kräuter-Salz-Zucker-Mischung übereinandergeschichtet werden.

Zum Servieren das Filet in feine Streifen schneiden, diese zu Blüten formen, mit Olivenöl besprühen und frisch gehackte Kräuter wie Petersilie, Estragon oder Koriander darüberstreuen.

Hinweis

Fest in Frischhaltefolie eingewickelt, hält sich Graved Lachs im Kühlschrank einige Tage. Gebeizter Lachs ist sehr vielseitig: Er eignet sich für verschiedene Varianten von Kanapees und ist zudem ein stilvoller Ersatz für den allseits beliebten Räucherlachs, zum Beispiel auf dem Bagel-Klassiker mit Frischkäse. Auch in Pasta mit Sahnesauce macht er sich hervorragend, pfiffig verfeinert mit frischen Kräutern wie Schnittlauch, Dill oder Estragon.

Graved Lachs mit Koriander

Artischocken
mit Tomatenfüllung

4 Portionen

- 2 EL Olivenöl
- 1 Zwiebel, fein gehackt
- 2 Knoblauchzehen, fein gehackt
- 100 g frische Tomaten, gewürfelt
- 2 getrocknete Tomaten, gewürfelt (optional)
- 250 g passierte Tomaten
- 2 EL frisch gehackte Petersilie
- 1 TL frisch gehackter Oregano
- 1 TL frisch gehacktes Basilikum
- Salz und frisch gemahlener Pfeffer
- 1 Prise Kurkuma
- 4 Artischocken
- Zitronensaft
- geriebener Parmesan oder Pecorino

Olivenöl erhitzen. Zwiebel, Knoblauch, Tomatenwürfel und getrocknete Tomaten darin anbraten. Passierte Tomaten und Kräuter zugeben. Herunterschalten und 30 bis 60 Minuten köcheln lassen. Mit Salz, Pfeffer und Kurkuma abschmecken. Die Artischocken in mit Zitronensaft angereichertem Wasser gar werden lassen. Die Blätter oben abschneiden, das Heu entfernen, Stiele auf 4 cm kürzen und die Artischocken jeweils halbieren. Tomatensauce in die Artischockenhälften geben. Mit geriebenem Käse bestreut servieren.

Tipp
Getrocknete Tomaten vor dem Verarbeiten in heißem Wasser einweichen. Alternativ kann man sie auch in nativem Olivenöl weich werden lassen. Zur längeren Aufbewahrung in einem Glasbehältnis an einen lichtgeschützten Ort stellen.

Gefüllte Champignons

2–3 Portionen

- 2 kleine getrocknete Tomaten
- 5 Riesenchampignons, ausgehöhlt
- 1 kleine frische Tomate, gewürfelt
- 1 Frühlingszwiebel, in Ringe geschnitten
- 2 Knoblauchzehen, gehackt
- 2 TL Tomatenmark
- 3 EL Olivenöl
- 1 Prise frischer Thymian
- Salz und Pfeffer mit 1 Prise Kurkuma
- geriebener Parmesan oder Pecorino

Die getrockneten Tomaten in dünne Streifen schneiden und in heißem Wasser oder Olivenöl einweichen. Gemüse, Knoblauch und Tomatenmark in Olivenöl anschwitzen, ggf. etwas Wasser zufügen. Abschmecken, in die Pilze geben und mit Käse bestreuen. Die Pilze in einer Auflaufform im Backofen bei 180 °C ca. 20 Minuten garen.

Tipp
Die Champignons nach dem Aushöhlen mit Zitronensaft beträufeln, damit sie nicht braun werden.

Artischocken
mit
Tomatenfüllung

Gefüllte bunte Paprika

4 Portionen

- 2 Knoblauchzehen
- 4 kleine Zwiebeln, geachtelt
- Olivenöl
- 12 Kirschtomaten
- 4 Paprikahälften mit Stiel, entkernt
- Balsamico-Essig
- frisches Basilikum, fein geschnitten
- Salz und Pfeffer mit 1 Prise Kurkuma

Backofen auf 200 °C vorheizen. Knoblauch in dünne Scheiben schneiden und ohne Fett in einer Pfanne anrösten. Zwiebeln in etwas Öl andünsten. Knoblauch und Zwiebeln zusammen mit den Tomaten in die Paprika füllen. Mit etwas Öl und Balsamico beträufeln und auf einem mit Backpapier ausgelegten Blech im Ofen 15 bis 20 Minuten backen.
Mit Basilikum bestreut und etwas reduziertem Balsamico (siehe Hinweis) garniert servieren.

Hinweis

Zum Reduzieren einen Balsamico-Essig mittlerer Qualität verwenden: Balsamico in einem kleinen Topf bei schwacher Hitze zu einer dicken, leicht sirupartigen Sauce einkochen. Währenddessen die Küche gut lüften!

Tofuwürfel

mit Sesam und Nori

2 Portionen

- 12 kleine Tofuwürfel (2,5 cm)
- 1 Karotte
- Daikon (japanischer Rettich; Asia-Laden)
- Reisessig (optional)
- 1 Nori-Blatt (getr. Seetang; Asia-Laden)
- Erdnussöl
- Sesamöl
- Krupuk (Krabbenchips; Asia-Laden)
- schwarze und weiße Sesamkörner

Sauce

- ½ Knoblauchzehe, zerdrückt
- ½ TL frisch geriebener Ingwer
- 4 EL Mirin-Sauce (Asia-Laden)
- 4 EL helle Sojasauce

Tofu zwischen mehrere Lagen Küchenpapier legen, mit einem Hackbrett beschweren und 30 Minuten stehen lassen. Die Zutaten für die Sauce verrühren. Anschließend Karotte und Daikon fein reiben, mit etwas Reisessig beträufeln und beiseitestellen. Nori in dünne Streifen schneiden. Das Erdnussöl mit etwas Sesamöl aromatisieren und erhitzen. Zunächst einige Krupuks darin ausbacken und auf Küchenpapier abtropfen lassen. Dann die Tofuwürfel in dem heißen Öl goldbraun braten. Mit den Noristreifen umwickeln oder in Sesam wälzen. Die Krupuks mit dem geriebenen Gemüse füllen und mit der Sauce zu den Tofuwürfeln servieren.

Gefüllte
bunte Paprika

Grillgemüse

Grillgemüse à la française, 3–4 Portionen

Petersilie
natives Olivenöl extra
1 große gelbe Zucchini
4 Mini-Patisson-Kürbisse
1 Apfel
Zitronensaft
frischer Rosmarin und Estragon
geklärte Butter
4 Knoblauchzehen

Einige Petersilienzweige und Olivenöl (2 Esslöffel pro Person) im Mixer pürieren. Durch ein feines Sieb geben und beiseitestellen. Zucchini längs in Scheiben schneiden, Kürbisse vierteln. Apfel in Spalten schneiden und mit Zitronensaft beträufeln. Kräuter hacken und mit dem Petersilienöl und der Butter mischen. Gemüse, Apfel und Knoblauch darin wenden, dann in einer heißen Grillpfanne bei starker Hitze auf jeder Seite 2 bis 5 Minuten braten. Warm als Beilage zu Hähnchen, Fisch oder Braten servieren.

Hinweis
Mit Ziegenfrischkäse bestreuen. Petersilienöl kann auch als Tunke für z. B. Baguette oder das Gemüse gereicht werden.

Mediterranes Grillgemüse, 6 Portionen

1 Fenchelknolle
1 Bund Rübstiel
1 Aubergine
3 bunte Paprika
1 Rispe Kirschtomaten
1 Knoblauchzehe
Basilikum
Oregano
Olivenöl
Salz und frisch gemahlener Pfeffer
dunkler oder weißer Balsamico-Essig

Gemüse mit Ausnahme der Tomaten in Stücke zerteilen. Das gesamte Gemüse, den Knoblauch und die Kräuter gut mit Olivenöl bestreichen. Tomaten bei mittlerer Hitze in einer Grillpfanne andünsten und beiseitestellen. Auf starke Hitze hochschalten und das übrige Gemüse nacheinander unter Wenden anbraten und 4 bis 5 Minuten garen. Aufpassen, da die Zutaten leicht verbrennen können. Würzen und warm stellen. Die Kräuter ebenfalls kurz anbraten. Alles auf einer Platte anrichten, mit Balsamico beträufeln und heiß servieren.

Asiatisches Grillgemüse, 2–3 Portionen

1 kleiner Pak-Choi
1 chinesische oder normale Aubergine
Bohnensprossen
1 Karotte
2 Knoblauchzehen
2 EL Honig
Ingwer, gerieben
Erdnussöl
Sesamöl
Sojasauce
Mirin-Sauce (Asia-Laden)
geröstete Erdnüsse

Gemüse und eine der Knoblauchzehen in Stücke schneiden. Wasser in einem Topf zum Kochen bringen. Honig, Ingwer und die zweite, klein gehackte Knoblauchzehe zugeben. Das Gemüse darin 2 bis 3 Minuten blanchieren, dann abtropfen lassen. Das Gemüse und die Knoblauchzehe mit Erdnuss- und Sesamöl bestreichen und in einer Grillpfanne bei starker Hitze auf allen Seiten anbraten. Mit Sojasauce und etwas Mirin-Sauce beträufeln und mit den Erdnüssen bestreuen. Heiß zu Fisch, gegrilltem Tofu oder asiatischen Gerichten reichen.

Grillgemüse à la française

Chicorée

mit Hähnchenfüllung

6–7 Portionen

- 2 Shiitake-Pilze (frisch oder getrocknet)
- ½ Hähnchenbrustfilet
- 2 EL fein gewürfelte grüne Paprika
- 1 TL fein gehackte rote Zwiebel
- 2 EL fein gewürfelte Orangenfilets
- Öl zum Anbraten
- Sojasauce
- 1 TL Mirin-Sauce (Asia-Laden)
- 1 Chicorée

Getrocknete Pilze zunächst in heißem Wasser 30 Minuten einweichen und zwischen Küchenpapier trocken drücken. Stielenden von den Pilzen entfernen und fein würfeln. Hähnchenbrust in dünne Streifen oder kleine Würfel schneiden. Zusammen mit den übrigen Zutaten ein paar Minuten in Öl anbraten. Mit etwas Sojasauce beträufeln und Mirin-Sauce untermischen. Chicorée in Blätter teilen, mit der Mischung füllen und auf einer Platte anrichten. Sofort servieren.

Tipp

Das Filetieren von Zitrusfrüchten geht ganz einfach: Die Früchte mit einem scharfen Messer großzügig bis ins Fruchtfleisch schälen und dann die Segmente durch Schnitte entlang der Trennhäute auslösen. Die Säure von Zitrusfrüchten lässt Messer übrigens schneller stumpf werden.

Blumenkohl

mit Schweizer-Käse-Sauce

6 Portionen

- 1 kleine Knoblauchzehe, halbiert
- 400 g Gruyère, gerieben
- 400 g Freiburger Vacherin, gerieben
- 4 TL Stärke
- 1 kleines Glas trockener Weißwein
- 1 TL Zitronensaft
- 1 EL Haselnussöl
- 1 Schuss Kirschwasser
- 1 TL Kurkuma
- frisch gemahlener schwarzer Pfeffer
- 500 g Romanesco und violetter Blumenkohl

Wie bei einem Käsefondue zunächst einen Topf mit einer halbierten Knoblauchzehe ausreiben. Beide Käsesorten in einer Schüssel mischen und mit Stärke bestreuen. Weißwein im Topf zum Kochen bringen. Zitronensaft zugießen. Nach und nach den Käse zugeben und unter ständigem Rühren schmelzen lassen. Haselnussöl und Kirschwasser unterziehen. Zum Kochen bringen und mit Kurkuma und Pfeffer abschmecken. Herunterschalten. Den Kohl in mittelgroße Röschen zerteilen und dämpfen, bis er gar ist. Portionsweise anrichten und die Käsesauce darübergeben.

Tipp

Bei der traditionellen Zubereitung wird statt Kurkuma eine Prise Muskat verwendet. Der Vacherin kann durch Appenzeller ersetzt werden – dies sind übrigens die typischen Sorten für ein Schweizer Käsefondue „halb und halb".

Chicorée mit Hähnchenfüllung

Gefüllte Zwiebeln

mit Champignons, pro Portion

- 1 mittelgroße Zwiebel
- 1 Knoblauchzehe, fein gehackt
- 1 Champignon, fein gehackt
- 1 Prise frisch gehackter Rosmarin
- Olivenöl mit Trüffelaroma
- 2 EL Parmesankäse
- 1 EL Sahne
- Salz und schwarzer Pfeffer
- 1 Prise Kurkuma
- 1 Scheibe luftgetrockneter Schinken
- 1 Rosmarinzweig

Zwiebel in kochendem Wasser blanchieren, dann aushöhlen und das ausgelöste Fleisch fein würfeln. Knoblauch, Champignon, Rosmarin, Öl, Parmesan und Sahne zugeben, gut mischen und abschmecken. Schinkenscheibe um die Zwiebel wickeln und mit dem Rosmarinzweig feststecken. Die Füllung in die Zwiebel geben. Im Ofen bei 200 °C 10 bis 15 Minuten backen.

mit getrockneten Tomaten, pro Portion

- 1 getrocknete Tomate
- 1 mittelgroße Zwiebel
- 1 Knoblauchzehe, fein gehackt
- 1 Prise frisch gehackter Thymian
- 1 EL Rotwein
- 1/2 TL Parmesankäse (optional)
- Salz und Pfeffer
- 1 Scheibe luftgetrockneter Schinken
- 1 Rosmarinzweig

Tomate 30 Minuten in heißem Wasser einweichen, dann fein würfeln. Die Zwiebel in kochendem Wasser blanchieren, dann aushöhlen und das ausgelöste Fleisch fein würfeln. Knoblauch, Thymian, Rotwein, Parmesan und die Tomate zugeben, gut mischen und abschmecken. Den Schinken um die Zwiebel wickeln und mit dem Rosmarinzweig feststecken. Die Füllung in die Zwiebel geben. Im Ofen bei 200 °C 10 bis 15 Minuten backen.

Tipp

Bei in Öl eingelegten Tomaten entfällt das Einweichen. Statt Parmesan kann auch Ziegenkäse oder Emmentaler verwendet werden.

mit Parmesan und Rosmarin, pro Portion

- 1 mittelgroße Zwiebel
- 1 Knoblauchzehe, fein gehackt
- 1/2 TL fein gehackter Rosmarin
- 1 EL Sahne
- 2 TL geriebener Parmesankäse
- schwarzer Pfeffer mit 1 Prise Kurkuma
- 1 Scheibe luftgetrockneter Schinken
- 1 Rosmarinzweig

Zwiebel in kochendem Wasser blanchieren, dann aushöhlen und das ausgelöste Fleisch fein würfeln. Knoblauch, Rosmarin, Sahne und Parmesan zugeben, gut mischen und mit dem Pfeffer abschmecken. Den Schinken um die Zwiebel wickeln und mit dem Rosmarinzweig feststecken. Die Füllung in die Zwiebel geben. Im Ofen bei 200 °C 10 bis 15 Minuten backen.

mit Waldheidelbeeren, pro Portion

- 1 mittelgroße Zwiebel
- 1 Knoblauchzehe, fein gehackt
- 1 gehäufter EL Waldheidelbeeren
- 1 EL Rotwein
- 1 Schuss Haselnussöl
- 1 Prise frischer Thymian
- Salz und Pfeffer
- 1 Scheibe luftgetrockneter Schinken
- 1 Rosmarinzweig

Zwiebel in kochendem Wasser blanchieren, dann aushöhlen und das ausgelöste Fleisch fein würfeln. Knoblauch, Heidelbeeren, Rotwein, Öl und Thymian zugeben, gut mischen und abschmecken. Schinkenscheibe um die Zwiebel wickeln und mit dem Rosmarinzweig feststecken. Die Füllung in die Zwiebel geben. Im Ofen bei 200 °C 10 bis 15 Minuten backen.

gefüllte Zwiebeln mit Champignons

Ofenkartoffel

mit Schnittlauch, pro Portion

1 violettfleischige Kartoffel
2 EL körnig gekochtes Quinoa (Reformhaus, Bioladen)
2 EL natives Olivenöl extra

Füllung

2 EL saure Sahne
Salz und frisch gemahlener Pfeffer
etwas Schnittlauch

Backofen auf 200 °C vorheizen. Die Kartoffel abspülen, abtrocknen und in Alufolie einwickeln. Auf der mittleren Schiene im Ofen 30 bis 40 Minuten backen. Saure Sahne mit Salz und Pfeffer abschmecken, Schnittlauch klein schneiden. Die heiße Kartoffel vorsichtig aufschneiden und die Füllung hineingeben. Quinoa mit Olivenöl beträufeln und zur Kartoffel reichen.

mit Tomate, pro Portion

1 gelbfleischige Kartoffel

Füllung

3 EL körnig gekochte Hirse
2 EL gewürfelte Tomaten
gehackte Petersilie
1 Frühlingszwiebel, in Ringe geschnitten
Brunnenkresse
1 Schuss Olivenöl
Balsamico-Essig (optional)
Salz und Pfeffer mit 1 Prise Kurkuma

Backofen auf 200 °C vorheizen. Die Kartoffel waschen, abtrocknen und in Alufolie einwickeln. Auf der mittleren Schiene im Ofen 30 bis 40 Minuten backen. Hirse, Tomatenwürfel und die restlichen Zutaten mischen und im Kühlschrank ziehen lassen; 15 Minuten vor dem Servieren herausnehmen. Die Kartoffel vorsichtig aufschneiden und die Füllung hineingeben.

mit Käse und Paprika, pro Portion

1 rotfleischige Kartoffel

Füllung

1 Ei
2–3 EL küchenfertiges Schweizer Käsefondue
1 EL gewürfelte Paprika
3 EL gekochter Buchweizen
2 EL Olivenöl

Backofen auf 200 °C vorheizen. Die Kartoffel waschen, abtrocknen und in Alufolie einwickeln. Auf der mittleren Schiene im Ofen 30 bis 40 Minuten backen. Das Ei verquirlen, in eine Pfanne geben und unter ständigem Rühren stocken lassen. Kurz vor dem Servieren das Käsefondue erhitzen. Die Kartoffel vorsichtig aufschneiden, mit Rührei und Paprikawürfeln füllen und den geschmolzenen Käse darübergeben. Buchweizen mit Olivenöl beträufeln und zur Kartoffel reichen.

Ofenkartoffel mit Tomate

Rosenkohl

würzig-pikant

6 Portionen

- 4 EL gehobelte Mandeln
- 1/2 TL Kümmelsamen
- 1/2 TL gelbe Senfkörner
- 1/2 TL Fenchelsamen
- 500 g Rosenkohl
- Olivenöl
- 1 EL gehackter Ingwer
- 1 Prise Cayennepfeffer
- 1 Prise Kurkuma
- Salz und frisch gemahlener Pfeffer
- 1 EL Limettensaft
- Limettenscheiben

Mandeln in einer Pfanne ohne Fett leicht anrösten und beiseitestellen. Gewürzsamen anrösten und im Mörser zerstoßen. Rosenkohl in Scheiben schneiden. Etwas Öl in einer Pfanne erhitzen. Den Rosenkohl darin zusammen mit dem Ingwer, den Gewürzen und den Mandeln unter ständigem Rühren garen. Limettensaft und bei Bedarf noch etwas Öl oder Wasser zugeben, damit die Mischung nicht anbrennt. Abschmecken. Heiß oder kalt mit Limettenscheiben garniert servieren.

Rosenkohl asiatischer Art

- 500 g Rosenkohl
- 1 kleine Karotte oder 1 Süßkartoffel
- 3 Frühlingszwiebeln
- Sesam- oder Sonnenblumenöl
- Fünf-Gewürze-Pulver (Asia-Laden)
- helle Sojasauce

Rosenkohl putzen und halbieren. Karotte würfeln und Frühlingszwiebeln in Ringe schneiden. Den Rosenkohl einige Minuten in kochendem Wasser blanchieren, dann unter kaltem Wasser abschrecken und abtropfen lassen. Ausreichend Öl im Wok oder einer Pfanne erhitzen. Karotte, Frühlingszwiebeln und Rosenkohl darin 2 Minuten andünsten, ohne zu bräunen. Mit Fünf-Gewürze-Pulver bestreuen und die Sojasauce zugeben. Noch einige Minuten köcheln lassen. Heiß als Beilage zu einem Fleisch- oder Fischgericht servieren.

Tipp

Wenn Sie Süßkartoffeln verwenden, müssen diese mit dem Rosenkohl blanchiert werden, damit sie weich genug werden. Variationen: Die Sojasauce durch mit Wasser verdünnte Miso-Paste ersetzen; statt Frühlingszwiebeln Röstknoblauch oder fein gehackte frittierte Zwiebeln verwenden.

Süss-saure Kohlstückchen, 4 Portionen

- 1/4 rote Thai-Chili (optional)
- 1/2 kleiner Weiß- oder Spitzkohl
- Sojaöl
- 1 rote Paprika, fein gewürfelt
- gemahlener Szechuan-Pfeffer
- 1 EL helle Sojasauce
- 1 EL Reisessig
- 1 TL Honig
- Sesamöl

Thai-Chili fein hacken. Kohlblätter in 2,5 x 1 cm große Stücke schneiden und ein paar Minuten in kochendem Wasser blanchieren, dann unter kaltem Wasser abschrecken und abtropfen lassen. Sojaöl im Wok erhitzen. Kohl, Paprika und Chili darin 1 bis 2 Minuten anbraten. Mit Szechuan-Pfeffer würzen. Sojasauce, Reisessig, Honig und Sesamöl zugeben, gut mischen und sofort servieren.

Rosenkohl würzig-pikant

Blumenkohl
mit Käsekruste

- 40 g Pinienkerne
- 2 Knoblauchzehen, fein gehackt
- 2 Frühlingszwiebeln
- Olivenöl
- 2 EL gehackte Petersilie
- 4 EL geriebener Käse
- 50 g feine Semmelbrösel (nach Möglichkeit aus Kamut- oder Weizenvollkorn)
- 1 EL geriebener Parmesan oder Pecorino
- Salz und schwarzer Pfeffer
- 1 Prise Kurkuma
- 1 Blumenkohl

Backofen auf 220 °C vorheizen. Pinienkerne nach Wunsch hacken. Knoblauch und Frühlingszwiebeln in Öl bei mittlerer Hitze anbraten. Bis auf den Kohl alle Zutaten in einer Schüssel mischen und abschmecken. Blumenkohl in Röschen teilen, 10 Minuten in kochendem Wasser blanchieren und abtropfen lassen. In eine Auflaufform geben und mit der Mischung bestreuen. Auf mittlerer Schiene im Ofen 10 Minuten backen. Dann auf die Grillstufe hochschalten bzw. den Backrost und die Temperatur höher setzen und 3 bis 5 Minuten goldbraun überbacken. Sofort mit dem Hauptgericht servieren.

Hinweis

Kamut ist eine Weizenart, die zu den ältesten kultivierten Getreidesorten gehört. Kamutkörner sind größer als herkömmliche Weizenkörner und wird fast ausschließlich aus biologischem Anbau angeboten.

Brokkoli
mit Zitronensauce

4 Portionen

- Saft und Schale von 1 Zitrone
- 4 EL helle Sojasauce
- Honig (nach Geschmack)
- 700 g Brokkoli

Zitronensaft und Sojasauce (nach Gusto auch Honig) verrühren. Brokkoli in Röschen teilen, den Stielansatz jeweils schälen und alles ein paar Minuten dämpfen. Mit Zitronenschalenstückchen bestreuen und mit der Zitronen-Sojasauce servieren.

Hinweis

Dieses Rezept macht selbst Kindern Brokkoli richtig schmackhaft, da die Sauce die leichte Bitterkeit des Gemüses abfängt. Mit dem Honig abgeschmeckt, erhält die Sauce wiederum eine andere Note. Auch Orange statt Zitrone ergibt eine köstliche Variante. Zusätzliche geröstete Cashewkerne sorgen dafür, dass die Gemüsebeilage zugleich Omega-Fettsäuren und wertvolles Eiweiß liefert.

Blumenkohl
mit Käsekruste
Brokkoli
mit Zitronensauce

Gefüllte Zucchini

mit Champignons, 3–4 Portionen

- 10–12 Champignons, fein gehackt
- 1–2 Knoblauchzehen, gehackt
- 2 TL Olivenöl
- 2 EL Rotwein
- 2 EL Leinsamen
- 1 Prise frischer Thymian
- 1 Prise Kurkuma
- Salz und Pfeffer
- 2 Zucchini

Champignons mit dem Knoblauch in einer beschichteten Pfanne im Öl andünsten, bis alle Feuchtigkeit verdampft ist. Mit Rotwein ablöschen und einkochen lassen. Leinsamen, Thymian und Kurkuma zugeben und mit Salz und Pfeffer abschmecken. Zucchinihälften mit dieser Mischung füllen und im Ofen bei 175 °C 15 bis 20 Minuten backen (sie sollten noch Biss haben). Heiß oder warm servieren.

Hinweis

Die Mischung aus fein gehackten Champignons, Schalotten und Knoblauch wird oft für Füllungen verwendet, man bezeichnet sie als „Duxelles".

mit Ziegenkäse und getrockneten Tomaten, 3–4 Portionen

- 2 Zucchini
- 2–3 TL cremiger Ziegenfrischkäse
- 2 getrocknete Tomaten, gehackt
- 1 Prise gehackte Petersilie
- Salz und Pfeffer
- 1 Prise Kurkuma

Die Zucchini halbieren. Alle übrigen Zutaten mischen und die Zucchinihälften damit füllen. Im Ofen bei 175 °C 15 bis 20 Minuten backen (die Zucchini sollten knackig bleiben). Diese Beilage schmeckt am besten warm.

Gratin Dauphinois

Französischer Kartoffelgratin

4 Portionen

- 1 kg Kartoffeln
- 4 EL Vollmilch
- 4 EL Sahne
- 1 Knoblauchzehe, halbiert
- 50 g Butter
- frisch gemahlener Pfeffer
- 2 Eier
- Salz

Kartoffeln schälen, abspülen, trocken tupfen und in dünne Scheiben schneiden. Milch und Sahne verrühren und auf kleiner Stufe erhitzen. Eine Auflaufform mit der halbierten Knoblauchzehe ausreiben und buttern. Die Kartoffelscheiben hineinschichten und pfeffern. Eier mit etwas zusätzlicher Milch verquirlen und Pfeffer sowie 1 gestrichenen Teelöffel Salz zugeben. Mit einem Schneebesen in die warme Sahnemilch einrühren. Über die Kartoffeln geben und im vorgeheizten Ofen bei 200 °C eine Stunde backen. Die Kartoffeln werden oben knusprig und braun, unterhalb der Kruste aber butterweich.

gefüllte Zucchini mit Ziegenkäse
und getrockneten Tomaten
gefüllte Zucchini
mit Champignons

Gurkenstücke

mit Käse-Brombeer-Füllung

6 Portionen

- 1 Salatgurke
- frischer Schnittlauch
- 100 g fettarmer Frischkäse
- Salz und frisch gemahlener Pfeffer
- 1 Prise Kurkuma (optional)
- 12 Brombeeren

Gurke in 3 bis 4 cm dicke Scheiben schneiden. Mit einem Melonenausstecher aushöhlen, dabei einen 1 cm dicken Boden stehen lassen. Schnittlauch hacken (etwas zum Garnieren beiseitelegen), mit dem Frischkäse mischen und abschmecken. Brombeeren halbieren und je 1 Hälfte in die Gurken legen. Den Käse daraufgeben. Mit der zweiten Brombeerhälfte und Schnittlauch garniert servieren.

Tipp

Diese Vorspeise lässt sich gut im Voraus zubereiten. Da der Käse jedoch mit der Zeit die Farbe der Brombeeren annimmt, sollte die Garnierung erst kurz vor dem Servieren erfolgen.

Lachstartar

2 Portionen

- 125 g frischer Lachs
- ½ Granny-Smith-Apfel, fein gewürfelt
- 1 EL fein gehackter Ingwer (optional)
- 1 EL fein gehackte Frühlingszwiebel
- 1 EL Olivenöl
- 1 EL Traubenkernöl
- fein gehackte Petersilie
- Salz und frisch gemahlener Pfeffer
- 1 Prise Kurkuma (optional)
- 1 kräftiger Schuss Limettensaft (optional)

Lachs mit einem scharfen Messer in feine Würfel schneiden. Alle Zutaten in einer Glas- oder Edelstahlschüssel gut mischen und abschmecken. Mit einem runden Ausstecher die Mischung portionieren. Nach Wunsch 20 bis 30 Minuten kalt stellen. Kurz vor dem Servieren mit etwas Limetten- oder Zitronensaft beträufeln.

Hinweis

Kleine rote Perlzwiebeln oder weiße Silberzwiebeln werden genauso zubereitet wie normale Zwiebeln, sind aber für kleine Portionen von der Größe her praktikabler. Durch einminütiges Einweichen in kochendem Wasser lassen sie sich viel leichter schälen. Schalotten gehören übrigens zur Familie der Zwiebelgewächse (Alliaceae), genau wie Porree, Knoblauch und die normale Speisezwiebel.

Gurkenstücke mit Käse-Brombeer-Füllung

Suppen

Brühen

Basis für verschiedene Suppen

Hühnerbrühe (1,5 l und mehr)

- 1 Suppenhuhn (1 kg) oder Hühnerknochen
- 2 Selleriestangen, grob gehackt
- 1 Zwiebel, grob gehackt
- 2 Karotten, grob gehackt
- 1 Knoblauchzehe, grob gehackt
- frische Petersilie
- 2 l Wasser
- Salz

Alle Zutaten in einem großen Topf zum Kochen bringen, dabei ab und zu abschäumen. Herunterschalten und teilweise abgedeckt 2 Stunden köcheln lassen. Am Ende der Garzeit mit Pfeffer würzen. Die Brühe durch ein feines Sieb geben. Abkühlen lassen, dann das Fett abschöpfen. Gut verschlossen im Kühl- oder Gefrierschrank aufbewahren.

Hinweis

Wird ein ganzes Suppenhuhn verwendet, nach dem Abkühlen entbeinen und das Fleisch anderweitig verwenden.

Fischbrühe (1,5 l und mehr)

- Karkasse (Fischreste) und Kopf vom Lachs
- 2 l Wasser
- 2 mittelgroße Zwiebeln, klein geschnitten
- 1 Karotten, in Scheiben geschnitten
- 1–2 Selleriestangen, klein geschnitten
- 1 EL Zitronensaft
- 1 Bouquet garni (s. Glossar)

Die Fischreste unter kaltem Wasser abspülen. In einen Suppentopf geben, mit Wasser bedecken und zum Kochen bringen. Abschäumen. Alle restlichen Zutaten zugeben und abgedeckt bei schwacher Hitze 30 Minuten köcheln lassen. Die Brühe durch ein Sieb geben und abkühlen lassen. Im Kühlschrank aufbewahren oder einfrieren.

Tipp

Als „Karkasse" bezeichnet man Gräten und Haut. Für die Brühe lassen sich auch andere Fische verwenden: Makrele oder Forelle, von denen man allerdings 2–3 Köpfe und Karkassen benötigt. Eine Fischbrühe muss innerhalb von 2 Tagen verbraucht werden.

Gemüsebrühe (1,5 l und mehr)

- 1 Bund Frühlingszwiebeln
- 1 große Karotte, gewürfelt
- 1 Selleriestange, klein geschnitten
- $1/2$ Fenchelknolle, gewürfelt
- 1 Knoblauchzehe
- 1 Lorbeerblatt
- frische Petersilien- und Estragonzweige
- 2 l Wasser
- frisch gemahlener Pfeffer

Alle Zutaten bei starker Hitze in einem Suppentopf zum Kochen bringen, dabei ab und zu abschäumen. Teilweise abgedeckt bei schwacher Hitze 45 Minuten köcheln lassen. Vom Herd nehmen, mit Pfeffer würzen, aber nicht salzen. Abkühlen lassen. Durch ein feines Sieb oder einen mit Mull ausgelegten Durchschlag geben. Die Gemüsebrühe einfrieren oder im Kühlschrank aufbewahren und innerhalb von 3 Tagen verbrauchen.

Tipp

Während der Garzeit am besten nicht salzen: Die Brühe passt sich so besser an das spätere Gericht an.

Suppenmahlzeiten

Tofu-Gemüse-Suppe, pro Portion

- 1 Portion Reis-Vermicelli (oder Fadennudeln)
- 250 ml Miso-Brühe
- 1 Stück Tofu
- Erdnuss- oder Rapsöl
- 1 kleiner Pak-Choi, halbiert
- Karotte, in dünne Streifen geschnitten
- Bambussprossen
- 1 Frühlingszwiebel, in Ringe geschnitten
- 1 Knoblauchzehe, fein gehackt
- Sojasauce
- Mirin-Sauce (Asia-Laden; optional)

Nudeln nach Packungsanweisung in heißem Wasser einweichen, dann in kochendem Wasser garen und abtropfen lassen. Für die Brühe 1 Teelöffel Miso-Paste pro 250 ml Wasser in kochendem Wasser auflösen und auf mittlerer Stufe warm halten. Tofu zwischen Küchenpapier gut trocken drücken. Eine Scheibe abschneiden und beiseitestellen, den Rest würfeln. Öl in einer Pfanne erhitzen und die Tofuscheibe auf beiden Seiten goldbraun braten. Herausnehmen. Jetzt Gemüse, Tofuwürfel und Knoblauch mit etwas Sojasauce anbraten, zum Schluss einen Schuss Mirin-Sauce zugeben. Zusammen mit den Nudeln zu der Miso-Suppe geben, in einer Suppenschale anrichten und sofort servieren.

Hinweis

Tofu erfreut sich heute zunehmender Beliebtheit, da er fettarm ist und seine Isoflavone für ihre krebsvorbeugende Wirkung bekannt sind. Die dickgelegte Sojamilch kann heiß oder kalt, gegrillt, mariniert oder natur verzehrt werden. Weicher Tofu (Seidentofu) wird für die Zubereitung von Shakes und Desserts verwendet und macht Suppen wunderbar cremig. Er ist in Bio- und Asia-Läden, Reformhäusern und gut sortierten Supermärkten erhältlich.

Nudel-Puten-Suppe, pro Portion

- 250–300 ml Hühnerbrühe
- 1 Prise Szechuan-Pfeffer
- 1 Portion (ca. 100 g) Putenbrust
- 1 Portion Pak-Choi
- 1 Austernpilz
- 2 Babymaiskolben
- 1 kleine Karotte
- milde Zwiebel (1 Scheibe)
- Erdnussöl
- Sojasauce
- 1 Portion Udon-Nudeln (Asia-Laden; s. Glossar)
- Sesamöl
- schwarze Sesamkörner

Hühnerbrühe und Szechuan-Pfeffer erhitzen. Die Putenbrust in Streifen, das Gemüse in Scheiben schneiden. Alles kurz in Erdnussöl in einem Wok anbraten (das Gemüse muss knackig bleiben). Mit etwas Sojasauce würzen.
Nudeln in kochendem Wasser garen, abgießen und in eine Schale geben. Die Brühe und die übrigen Zutaten darübergeben. Mit ein paar Tropfen Sesamöl aromatisieren und mit Sesam bestreut servieren.

Hinweis

Der Pak-Choi kann durch ein anderes asiatisches Blattgemüse ersetzt werden, das je nach Jahreszeit beim Gemüsehändler oder im Asia-Laden angeboten wird. Statt Pute lässt sich auch Huhn oder Ente verwenden – in letzterem Fall das Gemüse in Entenfett anbraten.

Nudel-Puten-Suppe
Tofu-Gemüse-Suppe

Suppenmahlzeiten

Garnelen-Nudel-Suppe, pro Portion

250–300 ml Fischbrühe
3 oder 4 Garnelen
1 kleine Knoblauchzehe, fein gehackt
1 kleines Stück Ingwer, frisch gerieben
Rapsöl
Sake, chinesischer Kochwein oder Mirin-Sauce (Asia-Laden)
1 Portion Reis-Vermicelli (Asia-Laden)
1 kleine Selleriestange, gewürfelt
Frühlingszwiebeln, in Ringe geschnitten
Sojasauce
1 EL Limettensaft
Enokitake-Pilze
1 frittierte Lotosscheibe (s. Tipp)

Fischbrühe auf mittlerer Stufe erhitzen. Garnelen, Knoblauch und Ingwer einige Minuten in Rapsöl anbraten. Zum Schluss etwas Sake, Kochwein oder Mirin-Sauce (süßer) zugeben. Beiseitestellen. Nudeln 5 Minuten in heißem Wasser einweichen, dann in kochendem Wasser garen. Abgießen und in eine Schale geben. Sellerie und Frühlingszwiebeln 2 Minuten anbraten und nach Geschmack mit Sojasauce würzen. Die heiße Brühe über die Nudeln gießen. Limettensaft, das gebratene Gemüse, die Garnelen und die (rohen) Pilze darübergeben. Mit der frittierten Lotosscheibe garniert servieren.

Tipp

Für frittierte Lotosscheiben eine Lotoswurzel (Asia-Laden) in dünne Scheiben schneiden, trocken tupfen und in Erdnussöl goldgelb frittieren. Auf Küchenpapier abtropfen lassen und sofort salzen, sofern gewünscht.
Die Lotoswurzel (jap. Renkon) enthält viel Stärke und nur 15 % Zucker. Ihr blütenartiges Aussehen verleiht allen Gerichten eine originelle Note. Ihr süßlich milder Geschmack muss in Salaten durch ein Dressing und bei Tempura-Gerichten (in Tempurateig ausgebackene Fisch- oder Gemüsestücke) durch Würzen unterstützt werden.

Fisch-Nudel-Suppe, pro Portion

250–300 ml Gemüsebrühe
1 EL getrockneter Wakame-Seetang (Asia-Laden; optional)
weißes festfleischiges Fischfilet
Knoblauch, fein gehackt
Walnussöl
Sake, chinesischer Kochwein oder Mirin-Sauce (Asia-Laden)
Radieschen, in dünne Scheiben geschnitten
Chinakohl, in Streifen geschnitten
Karotte, in dünne Streifen geschnitten
Sojasauce
1 Yuba-Blatt (Asia-Laden)
4–5 Mandeln oder Cashewkerne
Udon-Nudeln (Asia-Laden, s. Glossar)

Gemüsebrühe und Wakame auf mittlerer Stufe erhitzen. Fisch in mundgerechte Stücke schneiden und zusammen mit dem Knoblauch in Walnussöl bei mittlerer Hitze einige Minuten anbraten. Zum Schluss etwas Sake oder Kochwein zugießen, beiseitestellen. Radieschen, Chinakohl und Karotte nach Wunsch kurz anbraten. Mit etwas Sojasauce würzen. Yuba-Blatt 5 Minuten in warmem Wasser einweichen, dann in kleine Stücke schneiden. Mandeln in einer Pfanne ohne Fett anrösten und beiseitestellen. Nudeln nach Packungsanweisung in kochendem Wasser garen, abgießen und in eine Schale geben. Die Yuba-Stücke in der Brühe erhitzen. Die heiße Brühe über die Nudeln geben und das gebratene Gemüse und den Fisch darauf anrichten. Mit Mandeln garniert sofort servieren.

Garnelen-Nudel-Suppe

Gemüsecremesuppen

Brokkoli-Cremesuppe, 4 Portionen

700 g Brokkoli
1 Scheibe Pancetta
1 mittelgroße Zwiebel, gehackt
1 Knoblauchzehe, gehackt
2 EL Olivenöl
je 1 Prise Kurkuma, Kreuzkümmel und Koriander
1 l Wasser, Hühner- oder Gemüsebrühe
150 g gekochter Reis oder Graupen (gekocht gewogen)
150 g Seidentofu oder 125 ml ungesüßte Sojamilch
1 EL frisch gehackte Petersilie
Croûtons

Brokkoli in Röschen teilen. Pancetta, Zwiebel und Knoblauch in einer Pfanne in Olivenöl anbraten. Gewürze darüberstreuen und kurz anschwitzen. Pancetta entfernen. Wasser oder Brühe zum Kochen bringen. Den Brokkoli darin 5 Minuten garen. Die Zwiebelmischung und den Reis zufügen und weitere 10 Minuten kochen. In den Mixer oder eine Schüssel geben, Seidentofu oder Sojamilch zufügen und glatt pürieren. Abschmecken. Heiß mit Petersilie, kleinen rohen Brokkolistückchen und Croûtons servieren.

Tipp

Zusätzliche Sojamilch macht die Suppe noch cremiger (einen Teil Sojamilch auf drei Teile Suppe), alternativ Schlagsahne oder Kuhmilch verwenden. Die Suppe anschließend nicht mehr aufkochen. Im Gefrierschrank hält sich die Suppe bis zu einem Monat – am besten in bedarfsgerechten Portionen einfrieren.

Tomaten-Paprika-Cremesuppe, 4 Portionen

3 rote Paprika
1 Schalotte, gehackt
1/2 TL gehackter Knoblauch (optional)
Olivenöl
3 große Tomaten
750 ml Hühner- oder Gemüsebrühe
1 EL gehackte Petersilie
1 EL Tomatenmark
1/4 TL Kurkuma
Salz und schwarzer Pfeffer

Paprika klein schneiden. Schalotte, Knoblauch und die Paprika in Olivenöl anbraten. Tomaten in Scheiben schneiden. Brühe in einem Suppentopf zum Kochen bringen, dann alle anderen Zutaten hineingeben. Auf mittlere Hitze herunterschalten und die Mischung 30 Minuten köcheln lassen. In den Mixer geben und glatt pürieren (wenn die Suppe zu dick ist, noch etwas Brühe oder Wasser zugießen). Abschmecken und mit etwas Olivenöl beträufelt servieren.

Hinweis

Die antioxidative Wirkung der roten Paprika ist eine sehr gute Ergänzung zum krebsvorbeugenden Lykopin der Tomaten.

Brokkoli-Cremesuppe
Tomaten-Paprika-Cremesuppe

Gemüsecremesuppen

Lauch-Cremesuppe, 4 Portionen

- 2 Porreestangen, in Ringe geschnitten
- 3 EL Olivenöl
- 1 Knoblauchzehe, gehackt
- 1 l Wasser oder Hühnerbrühe
- 1 Kartoffel, gerieben
- 1 EL zarte Stangenselleriblätter
- 1 Lorbeerblatt
- 1 EL frische Petersilie
- 1 TL getrockneter Schnittlauch
- Salz und frisch gemahlener Pfeffer
- Milch, ungesüßte Sojamilch oder Sahne (optional)

Porree in Olivenöl glasig dünsten, Knoblauch zufügen. Wasser oder Brühe in einem Suppentopf zum Kochen bringen. Geriebene Kartoffel darin garen. Porree, Sellerieblätter, Lorbeer, Petersilie und Schnittlauch zugeben und mit Salz und Pfeffer würzen. Bei schwacher Hitze 20 bis 30 Minuten köcheln lassen. Lorbeerblatt entfernen. Milch oder für eine cremigere Konsistenz Sahne zugeben und glatt pürieren. Abschmecken.

Blumenkohl-Cremesuppe, 4 Portionen

- 1 kleiner Blumenkohl
- Zitronensaft
- 1/2 Fenchelknolle
- 1 Lorbeerblatt
- Schnittlauch und Petersilie, gehackt
- 150 g gekochter Reis (gekocht gewogen)
- 250 g gekochte Kartoffeln
- 1 EL Raps- oder Sonnenblumenöl
- ungesüßte Sojamilch oder Schlagsahne
- Salz und frisch gemahlener Pfeffer
- Kurkuma

Blumenkohl in Röschen teilen (vorher den Strunk entfernen) und mit ein wenig Zitronensaft beträufeln. Fenchel in Scheiben schneiden. 1 Liter gesalzenes Wasser in einem Suppentopf zum Kochen bringen. Blumenkohl, Fenchel, Lorbeer, Schnittlauch und Petersilie zugeben, herunterschalten und 15 bis 20 Minuten köcheln lassen. Lorbeerblatt entfernen. Reis oder Kartoffeln dazugeben. Alles in einen Mixer geben und glatt pürieren. Öl und Sojamilch oder für eine cremigere Konsistenz Schlagsahne zufügen. Abschmecken. Nach Wunsch mit einer Prise Kurkuma und frischen Kräutern bestreut servieren.

Hinweis

Wenn kein Fenchel zur Hand ist, können Sie auch nur Blumenkohl nehmen und einen Sternanis mitkochen, um der Suppe die besondere Aromanote zu verleihen.

Lauch-Cremesuppe
Blumenkohl-Cremesuppe

Schnelle Suppe
mit Tofu

2 Portionen

- Reis-Vermicelli (Asia-Laden)
- 1/2 Stück fester Tofu
- Mini-Pak-Choi oder Brunnenkresse
- 1 Karotte
- 1 Frühlingszwiebel
- 450 ml Hühnerbrühe
- Cayennepfeffer (optional)
- schwarze Sesamkörner
- Sesam- oder Sonnenblumenöl
- Sojasauce

Reisnudeln nach Packungsanweisung in heißem Wasser einweichen. Tofu zwischen Küchenpapier trocken drücken, dann in 2 cm große Würfel schneiden. Pak-Choi je nach Größe halbieren oder vierteln. Brunnenkresse grob hacken, junge Triebe ganz lassen. Karotte und Frühlingszwiebel in dünne Scheiben schneiden. Brühe auf mittlerer Stufe erhitzen. Gemüse, Vermicelli und Tofu hineingeben und 5 Minuten köcheln lassen. Abschmecken. Mit Sesam bestreut und mit Öl beträufelt servieren. Nach Wunsch Sojasauce dazu reichen.

Leichte Suppe
mit Garnelen und Shiitake

2 Portionen

- 250 ml Fischbrühe
- 1/4–1/2 TL Wasabi-Pulver (optional)
- 2 Portionen Reisbandnudeln
- 4 Lotosscheiben (Asia-Laden)
- 3 oder 4 frische Shiitake-Pilze
- Zuckerschoten oder grüne Bohnen
- 6 Garnelen
- 1 Knoblauchzehe, gehackt
- 1/2 TL Limettensaft (optional)
- Erdnuss- oder Rapsöl
- Sake oder chinesischer Kochwein
- Sojasauce
- 250 ml grüner Sencha-Tee
- Mirin-Sauce (Asia-Laden)

Fischbrühe auf mittlerer Stufe erhitzen und mit Wasabi bestreuen. Nudeln nach Packungsanweisung in heißem Wasser einweichen, dann mit den Lotosscheiben in kochendem Wasser garen. Abgießen und auf Suppenschalen verteilen. Gemüse klein schneiden. Garnelen säubern und mit Knoblauch und Limettensaft ein paar Minuten in etwas Öl anbraten. Zum Schluss mit etwas Sake ablöschen und auf die Nudeln geben. Gemüse ein paar Minuten anbraten, mit etwas Sojasauce beträufeln und über die Garnelen geben. Tee und etwas Mirin-Sauce in die heiße Brühe einrühren und die Schalen damit auffüllen.

Hinweis

In Asia-Shops gibt es eine große Auswahl asiatischer Nudeln. Die weißlichen Faden- oder Bandnudeln unterschiedlicher Breiten werden aus Reismehl oder Mungobohnen hergestellt. Gelbliche Nudeln sind aus Weizen-, Buchweizen-, Pfeilwurz- oder Süßkartoffelmehl und meist frisch oder getrocknet erhältlich.

Schnelle Suppe mit Tofu

Gazpacho

Kalte Tomatensuppe

4 Portionen

- 1 kg reife Tomaten
- 1 rote Paprika, klein geschnitten
- 2 Knoblauchzehen, gehackt
- 2 TL Tomatenmark
- 2 EL Rotwein (optional)
- Limettensaft (nach Geschmack)
- Tabasco
- Salz und Pfeffer mit 1 Prise Kurkuma
- 4 EL natives Olivenöl extra

Garnierung

- frischer Koriander
- Salatgurke
- Kirschtomaten
- Eiswürfel

Tomaten unten kreuzförmig einschneiden, 10 Sekunden zum Überbrühen in kochendes Wasser tauchen, dann in kaltem Wasser abschrecken. Schälen und nach Wunsch entkernen. Alle Zutaten in einen Mixer geben und glatt pürieren, dabei das Öl in einem dünnen Strahl zugießen, um eine cremigere Konsistenz zu erhalten. Abschmecken und mindestens 2 Stunden kalt stellen. Mit 2 oder 3 Eiswürfeln, Koriander und dem Gemüse garniert servieren.

Pikanter Grünkohleintopf

4 Portionen

- 1 mittelgroßer Grünkohl
- 250 g Chorizo (span. Paprikasalami)
- 1 mittelgroße Gemüsezwiebel
- 2 Kartoffeln, gewürfelt
- 1 Knoblauchzehe, gehackt
- 4 EL Olivenöl
- 1 l Brühe
- 1 Lorbeerblatt
- Thymianzweige
- 1 Prise Chilipulver
- 1 EL gehackte Petersilie

Grünkohl in 2,5 cm große Stücke schneiden. Chorizo und Zwiebel in Ringe schneiden und mit Kartoffeln und Knoblauch in Olivenöl braten, bis alles weich ist. In die Brühe geben, Lorbeer, Thymian, Chili zufügen und 10 Minuten köcheln lassen. Abschmecken. 4 Minuten vor Ende der Garzeit Lorbeer und Thymian entfernen und den Grünkohl in die Suppe geben. Mit Petersilie bestreut servieren.

Hinweis

Der Chorizo gibt sein Aroma beim Köcheln an die Suppe ab und kann vor dem Servieren entfernt werden. Ersetzt man die Kartoffeln durch Süßkartoffeln, bekommt der Eintopf eine süßliche Note. Für eine cremige Variante das gegarte Gemüse glatt pürieren.

Gazpacho

Express-Suppe

sauer-scharf

pro Portion

- 400 ml Fischbrühe
- Weißkohl, in dünne Streifen geschnitten
- 1 frischer Shiitake-Pilz, in dünne Streifen geschnitten
- 1/2 TL gehackter Knoblauch
- 1/2 TL frisch geriebener Ingwer
- 1/2 TL Fischsauce (Asia-Laden)
- 1/2 TL Honig (optional)
- 1 Messerspitze gehackte rote Thai-Chili oder 1 Messerspitze Sambal Oelek
- einige Garnelen
- Udon-Nudeln (Asia-Laden)
- 1 TL Zitronensaft
- frischer Koriander
- 1 TL gehackte Petersilie

Brühe auf mittlerer Stufe erhitzen. Weißkohl, Shiitake-Pilz und Würzzutaten zugeben und 5 Minuten köcheln lassen. Garnelen zufügen (sie verändern beim Garen ihre Farbe). Die Suppe bei Bedarf abschäumen. Nudeln zugeben und garen. Zum Schluss Zitronensaft unterrühren. Mit fein geschnittenem Koriander und Petersilie bestreut servieren.

Tipp

Diese Suppe kann auch mit Tintenfisch, Jakobsmuscheln oder fettreichen Fischen wie Forelle, Sardinen, Makrele, Lachs (hoher Omega-3-Fettsäuregehalt) zubereitet werden.
Als Variante: 1/2 Teelöffel Tomatenmark oder 1 Esslöffel pürierte Tomaten zur Brühe geben – dann liefert die Suppe auch noch Lykopin.

Asia-Suppe

mit Tofu

4 Portionen

- 100 g Tofu
- 1/2 Bund frischer Koriander
- 5 EL Sojasauce
- 2 EL Sesamöl
- 150 g Udon-Nudeln (Asia-Laden)
- 30 g frisch geriebener Ingwer
- 2 gehackte Knoblauchzehen
- 100 g Zuckerschoten, halbiert
- 100 g Rettich, in dünne Scheiben geschnitten
- 1 Bund Frühlingszwiebeln, in Ringe geschnitten
- 150 g Karotten, in dünne Scheiben geschnitten
- 600 ml Gemüsebrühe
- 1 EL Honig
- 2 EL Reisessig
- Salz und frisch gemahlener Pfeffer

Tofu in grobe Würfel schneiden. Korianderblätter abzupfen und fein hacken. Mit 2 EL Sojasauce, 1 EL Sesamöl und Salz mischen und die Tofuwürfel darin marinieren. Nudeln kochen, abgießen, abschrecken und abtropfen lassen.
Das restliche Sesamöl in einem Topf erhitzen. Ingwer und Knoblauch darin andünsten. Mit der Gemüsebrühe und 300 ml Wasser auffüllen. Das Gemüse dazugeben und 8 bis 10 Minuten leicht köcheln lassen. Nach 5 Minuten die Nudeln dazugeben.
Die Suppe mit der restlichen Sojasauce, Honig, Reisessig, Salz und Pfeffer abschmecken. Kurz vor dem Servieren die Tofuwürfel hineingeben.

Express-Suppe sauer-scharf

Jakobsmuschelsuppe

4–6 Portionen

225 g kleine Jakobsmuscheln
1 Porreestange (nur das Weiße)
1 Karotte
1 Selleriestange
1 Fenchelknolle
1 l Fischbrühe
250 ml passierte Tomaten
4 EL Rotwein (optional)
1 Sternanis
Olivenöl
1–2 Knoblauchzehen
1/2 TL Rosenpaprika
1 TL Kurkuma
3 Eigelb
frisch gemahlener schwarzer Pfeffer
frische Petersilie und Dill

Von dem Gemüse jeweils die Hälfte grob würfeln. Brühe in einem Suppentopf erhitzen. Passierte Tomaten, Rotwein, Sternanis und das gewürfelte Gemüse zugeben. 15 bis 20 Minuten köcheln lassen. Sternanis entfernen, die Suppe im Mixer glatt pürieren. Die andere Hälfte Gemüse in 4 cm lange dünne Stifte schneiden und zusammen mit den Jakobsmuscheln in Öl anbraten. Zur Suppe geben und Topf vom Herd nehmen. Knoblauch mit Paprika und Kurkuma im Mörser zerstoßen, verquirltes Eigelb untermischen. Mit dem Schneebesen etwas heiße Suppe einrühren. Diese Mischung dann in die Suppe rühren. Abschmecken. Mit Petersilie und Dill garniert servieren.

Shiitake-Suppe
mit Huhn

4 Portionen

12 frische oder getrocknete Shiitake-Pilze
1 l Gemüsebrühe
1 Hähnchenbrust
2 EL gehackte Petersilie
Somen-Nudeln (Asia-Laden)
2–4 EL Miso-Paste (Asia-Laden)
250 ml grüner Sencha- oder Matcha-Tee
Schnittlauch

Getrocknete Pilze 5 Minuten in heißem Wasser einweichen. Abtropfen lassen und in dünne Streifen schneiden. Brühe in einem großen Topf zum Kochen bringen. Hähnchenbrust in kleine Würfel schneiden und in die Brühe geben. Petersilie und die Pilze zufügen. 5 bis 8 Minuten köcheln lassen, dann vom Herd nehmen. Nudeln getrennt kochen und abgießen. Miso in dem grünen Tee auflösen und in die Brühe einrühren. Die Brühe über die Nudeln geben und mit Schnittlauch bestreut servieren.

Tipp

Das Einweichwasser von den Pilzen zur Gemüsebrühe geben.
Für eine Miso-Marinade die Hähnchenbrust zwischen 2 Lagen Frischhaltefolie flach klopfen, dann von beiden Seiten dünn mit Miso-Paste bestreichen. Auf einem Teller mit Folie abgedeckt 3 Stunden oder über Nacht ziehen lassen. Miso vor dem Garen entfernen. Hervorragend geeignet für Fisch oder Fleisch.
Für eine cremigere Konsistenz die Somen-Nudeln in der Brühe kochen.

Jakobsmuschelsuppe

Rote-Bete-Rotkohlsuppe

(Ukrainischer Borschtsch)

4–6 Portionen

1 Rinderknochen
1 l Wasser
500 ml Rinderbrühe
250 g Rotkohl
250 g ungekochte Rote Bete
2 Kartoffeln
1 rote Paprika
1 große milde Zwiebel
1 Karotte
2 EL Tomatenmark
75 ml Rotwein (optional)
2 EL Dill, gehackt
Salz und Pfeffer
1 Prise Kurkuma
saure Sahne

Rinderknochen, Wasser und Brühe in einem Suppentopf bei mittlerer Hitze 30 bis 45 Minuten kochen. Knochen entfernen und Fett abschöpfen. Strunk vom Rotkohl entfernen und den Kohl in dünne Streifen hobeln. Rote Bete, Kartoffeln, Paprika und Zwiebel würfeln, Karotte fein reiben. Das Gemüse in die Brühe geben. Tomatenmark, Rotwein und etwas gehackten Dill unterrühren. Würzen und bei schwacher Hitze 30 Minuten köcheln lassen (wenn der Kohl weicher sein soll, etwas länger garen). Mit 1 Esslöffel saurer Sahne und Dill garniert servieren.

Tipp

Statt der Rinderbrühe kann ein Bio-Gemüsebrühwürfel verwendet werden. Die meisten konventionellen Brühwürfel enthalten Geschmacksverstärker (Natriumglutamat).
Für eine cremigere Variante die Suppe am Ende der Garzeit mit 2 Esslöffeln Stärke (mit etwas Wasser angerührt) andicken.
Der Borschtsch kann im Sommer auch als kalte Suppe mit Eiswürfeln serviert werden. Der Kohlstrunk und die Hauptblattrippen sollten vor der Zubereitung entfernt werden, da manche Menschen sie nur schwer verdauen können.

Knoblauchsuppe

mit grünem Tee

4–5 Portionen

1–2 Knoblauchknollen (20–25 Zehen)
500 ml Hühnerbrühe
2 frische Thymianzweige
75 g tiefgekühlte Erbsen
175 g gegarte Hähnchenbrust, gewürfelt
500 ml grüner Tee
75 ml Schlagsahne
Salz und schwarzer Pfeffer
4 Weizenvollkorn-Toastscheiben
Kurkuma

Knoblauchzehen mit dem flachen Messer leicht quetschen, um sie einfacher schälen zu können, und den Keim entfernen. Hühnerbrühe, Thymian und Knoblauch in einem Topf zum Kochen bringen. Herunterschalten und 20 Minuten köcheln lassen. Die Brühe durch ein feines Sieb gießen. Erbsen, Hähnchenfleisch, grünen Tee und Sahne in die klare Brühe geben. 5 Minuten ziehen lassen. Abschmecken. Mit selbst gemachten Croûtons (siehe Tipp) und etwas Kurkuma bestreut servieren.

Tipp

Wer ein kräftigeres Knoblaucharoma wünscht: Die Brühe mit dem gegarten Knoblauch im Mixer pürieren.
Für die selbst gemachten Croûtons den Toast mit Knoblauch einreiben, in Würfel schneiden, mit Olivenöl besprühen und im Ofen bei 180 °C goldbraun rösten. Nach Wunsch mit geriebenem Parmesan servieren.
Frisch gemahlener Leinsamen, auf die Suppe gestreut, sorgt zusätzlich für Omega-3-Fettsäuren: Nur eine Schale Suppe liefert so alle wichtigen krebsvorbeugenden Stoffe.

Rote-Bete-Rotkohlsuppe

Zitronen-Hühnersuppe

(griechische Avgolemono)

4 Portionen

- $1\,^1/_2$ l Wasser
- 450 g Hähnchenbrust, gewürfelt
- 2 Nelken
- 1 Zwiebel
- 1 Porreestange, in Ringe geschnitten
- 1 Karotte, in Stücke geschnitten
- 1 Lorbeerblatt
- Salz
- 75 g Reis
- 3 Eier, getrennt
- 4–5 EL Zitronensaft
- frisch gemahlener Pfeffer
- Schnittlauch
- Kurkuma
- Zitronenscheiben

Wasser, Hähnchenfleisch, mit Nelken gespickte Zwiebel, Porree, Karotte, Lorbeer und Salz zum Kochen bringen. Herunterschalten und 10 Minuten köcheln lassen, bis das Fleisch gar ist, bei Bedarf abschäumen. Durch ein Sieb geben. Zwiebel, Lorbeer und Karotte wegwerfen. Die klare Brühe in einen Topf geben und den Reis darin garen. Eiweiß steif schlagen, dann das verquirlte Eigelb und Zitronensaft unterziehen. Esslöffelweise etwas Brühe einrühren, damit die Eiercreme beim Kontakt mit der heißen Flüssigkeit nicht gerinnt. Diese erwärmte Mischung in die Brühe einrühren. Hähnchenwürfel und Porree zugeben. Abschmecken und 5 Minuten auf kleiner Stufe erhitzen. 5 bis 8 Minuten ziehen lassen. Mit Schnittlauch und Kurkuma bestreut und einer Zitronenscheibe garniert servieren.

Lammeintopf

anglo-indischer Art

4 Portionen

- 250 g Lammschulter
- 4 Knoblauchzehen, gehackt
- $^1/_2$ TL frisch geriebener Ingwer
- 2 EL Butterschmalz, Ghee oder Olivenöl
- 1 l Hühnerbrühe
- Saft von $^1/_2$ Zitrone
- $^1/_2$ TL gemahlener Koriander
- $^1/_2$ TL gemahlener Kreuzkümmel
- 1 TL Kurkuma
- Salz
- 3 EL Kichererbsenmehl oder Stärke
- 1 Prise Chilipulver
- 1 Prise schwarzer Pfeffer
- 1 Mango, gewürfelt (optional)
- 1 kleine Banane, gewürfelt (optional)
- frischer Koriander, klein geschnitten

Lammfleisch würfeln. Mit Knoblauch und Ingwer in einer Pfanne in Butter oder Olivenöl scharf anbraten. Beiseitestellen. Brühe und Zitronensaft in einem Suppentopf zum Kochen bringen. Koriander, Kreuzkümmel, Kurkuma, Salz zufügen und 1 Minute kochen lassen. Herunterschalten. Kichererbsenmehl mit etwas Wasser anrühren. Ein wenig heiße Brühe zufügen und gut verrühren. Diese Mischung in die Brühe geben und unter ständigem Rühren eindicken lassen. Die Fleischmischung zufügen und weich garen. Mit Chilipulver und Pfeffer würzen. Vor dem Servieren Mango, Banane und Koriander zugeben.

Tipp

Die Suppe kann auch mit Schweine- oder Rindfleisch zubereitet werden.

Zitronen-Hühnersuppe (griechische Avgolemono)

Kalte Joghurtsuppe
mit Minze (Indien)

4 Portionen

1 mittelgroße Gurke
750 g Naturjoghurt
100 ml kaltes Wasser
8 EL frische fein gehackte Minze
250 g Sahne
Salz und frisch gemahlener Pfeffer
1 Prise Garam Masala
je 1 Prise Kurkuma und Kreuzkümmel
Eiswürfel (optional)

Gurke schälen, raspeln und gut ausdrücken. Joghurt und das kalte Wasser in einer Schüssel verrühren. Gurke, Minze und Sahne zugeben. Abgedeckt im Kühlschrank mindestens 2 Stunden ziehen lassen. Kurz vor dem Servieren mit Salz und Pfeffer abschmecken und mit den Gewürzen bestreuen. Nach Wunsch mit Eiswürfeln servieren.

Tipp
Garam Masala ist eine indische Gewürzmischung, die hervorragend zu Kurkuma passt.

Kokossuppe
mit Putenstreifen

4 Portionen

200 g gegartes Putenfleisch
200 g Blumenkohl
625 ml Hühnerbrühe
2 TL fein gehacktes Zitronengras
1 TL frisch geriebener Ingwer
2 Frühlingszwiebeln, fein gehackt
1/4 Chili, fein gehackt (optional)
400 ml Kokosmilch
1/4 TL Fischsauce (Asia-Laden)
Salz und frisch gemahlener Pfeffer
Minimaiskolben
Kurkuma
frischer Koriander
1 kleine rote Paprika oder Chili

Putenfleisch in Streifen schneiden und beiseitestellen. Blumenkohl (am besten in kleinere Röschen geteilt) in einem Dämpfeinsatz weich garen, pürieren und beiseitestellen. Brühe in einem Topf zum Kochen bringen. Zitronengras, Ingwer, Frühlingszwiebeln und Chili zugeben. Herunterschalten, Kokosmilch zugießen und 5 bis 7 Minuten köcheln lassen. Fischsauce und Pfeffer unterrühren. Abschmecken. Blumenkohl und Putenstreifen zugeben und weitere 8 bis 10 Minuten köcheln lassen. Vor dem Servieren 5 Minuten ziehen lassen. Minimaiskolben kurz in kochendem, mit Kurkuma gewürztem Wasser blanchieren, dann abtropfen lassen. Die Suppe mit Minimaiskolben, Koriander und dünnen Paprika- oder Chilistreifen garniert servieren.

Tipp
Kokosmilch lässt sich auch selbst herstellen: 250 g frisch geriebenes Kokosfleisch oder dieselbe Menge Kokosraspel in 600 ml kochendes Wasser geben. 1 Stunde stehen lassen. Die Mischung durch ein Sieb geben, dabei gut ausdrücken, um möglichst viel „dicke" Milch zu erhalten. Wenn Sie Kokoscreme benötigen, die Milch einige Zeit stehen lassen und dann die Creme, die sich oben abgesetzt hat, abschöpfen.

Kalte Joghurtsuppe
mit Minze

Kalte Suppe
mit Knoblauch und Mandeln

4 Portionen

- 175 g Brot vom Vortag
- 2 Knoblauchzehen, grob gehackt
- 100 g ganze blanchierte Mandeln
- 125 ml natives Olivenöl extra
- Salz und frisch gemahlener Pfeffer
- 875 ml kalte Hühnerbrühe
- 4 EL Weinwein oder Sherry
- Mandelblättchen
- grüne Weintrauben, entkernt

Brot 5 Minuten in kaltem Wasser einweichen. Knoblauch, Mandeln und das Brot in einen Mixer geben und pürieren, dabei langsam das Olivenöl zugießen, sodass eine mayonnaiseartige Creme entsteht. Abschmecken, dann mindestens 2 Stunden kalt stellen. Kurz vor dem Servieren Hühnerbrühe und Weißwein unterrühren. Mit gerösteten Mandelblättchen und halbierten Weintrauben garniert servieren.

Tipp
Für eine mildere Variante den Wein durch hellen Traubensaft und 1 EL weißen Balsamico ersetzen.

Nudelsuppe
mit Wachteleiern

4 Portionen

- 1 Karotte, in dünne Scheiben geschnitten
- 1 Frühlingszwiebel, in dünne Ringe geschnitten
- 4 Wachteleier
- 500 ml grüner Sencha-Tee
- 500 ml Hühnerbrühe
- 1 Knoblauchzehe, fein gehackt
- 1 TL frisch geriebener Ingwer
- 1 kleines Stück rote Chili
- 4 Portionen Reis-Vermicelli oder Ramen-Nudeln (Asia-Laden)
- 1 TL Zitronensaft
- 4 große Garnelen

Japanische Marinade (Baizu)

- 5 EL Reisessig
- 2 TL helle Sojasauce
- 3 EL Mirin-Sauce (Asia-Laden)

Für die Marinade alle Zutaten in einer Schüssel verrühren. Karotte und Frühlingszwiebel zugeben und 3 Stunden ziehen lassen. Wachteleier aus dem Kühlschrank nehmen. Den grünen Tee zubereiten (mindestens 8 bis 10 Minuten ziehen lassen). Brühe auf mittlerer Stufe erhitzen, jedoch nicht kochen lassen. Knoblauch, Ingwer und Chili zugeben und 5 Minuten ziehen lassen. Nudeln 5 Minuten in heißem Wasser einweichen, dann in kochendem Wasser garen, abgießen und auf Suppenschalen verteilen. Tee und Zitronensaft zur Brühe geben. Alles durch ein feines Sieb gießen. Die klare Brühe aufkochen, dann auf die Schalen verteilen. Je 1 Wachtelei in eine kleine Tasse schlagen und vorsichtig aus der Tasse auf die sehr heiße Brühe gleiten lassen. Mit mariniertem Gemüse und Garnelen garniert servieren.

Tipp
Alternativ können Sie die Wachteleier auch in kochendem Wasser mit einem Schuss Reisessig pochieren, bis sie weiß werden, und dann in die Brühe geben.

Kalte Suppe mit Knoblauch und Mandeln

Salate

Schichtsalat
mit Zitrusfrüchten

2 Portionen

- frische Minze
- 125 g saure Sahne
- 1 Orange
- 1 Blutorange
- 1 Grapefruit
- 1/2 Avocado
- Zitronensaft

Einige Minzeblätter klein schneiden und mit saurer Sahne verrühren. Zitrusfrüchte filetieren. Avocado in Scheiben schneiden (die nicht verwendete Hälfte zur Aufbewahrung mit etwas Zitronensaft beträufeln). Die Avocadoscheiben und die Zitrusfruchtsegmente abwechselnd in eine Schale oder in Portionsgläser schichten. Die saure Sahne daraufgeben und mit einem Minzezweig garniert servieren.

Marokkanischer Salat
mit Orange, Zwiebel und Oliven

pro Portion

- 1 kleine Orange
- 1 EL schwarze Oliven, entsteint
- 1 kleine rote Zwiebel, fein gehackt
- 1/4 Fenchelknolle, in dünne Streifen geschnitten
- 1 TL frisch gehackte Minze; einige Minzezweige zum Garnieren
- 1 TL frisch gehackter Koriander; einige Korianderzweige zum Garnieren
- 1/2 TL Koriandersamen
- Salz und Pfeffer mit 1 Prise Kurkuma
- einige Tropfen Orangenblütenwasser (optional)

Dressing

- Olivenöl
- Zitronensaft

Orange mit einem scharfen Messer schälen, die weiße, bittere Haut entfernen, filetieren und in kleine Stücke schneiden. Oliven ebenfalls klein schneiden. Zwiebel, Fenchel, Minze, Koriander und die Oliven mischen. Die Orangenstücke darübergeben, ebenso das Dressing aus Olivenöl und Zitronensaft.

Koriandersamen anrösten, im Mörser fein zerstoßen und 1/4 Teelöffel davon über den Salat streuen. 1 Prise Pfeffer mit Kurkuma zugeben. Den Salat vorsichtig vermischen. Mit Orangenblütenwasser aromatisieren und nach Geschmack salzen. Mit Minze und Koriander garnieren.

Schichtsalat mit Zitrusfrüchten

Buchweizennudelsalat

mit Brokkoli

4 Portionen

- 75 g Brokkoli- und Blumenkohlröschen
- 1 Karotte
- 1 kleine Gurke
- 4 Portionen Buchweizennudeln

Dressing

- 2 TL Sojasauce
- 2 TL Limettensaft
- 3–4 TL Sesamöl
- 4 TL Rapsöl
- 1 TL gehackter Ingwer
- Szechuan-Pfeffer

Brokkoli, Blumenkohl und die Karotte ein paar Minuten dämpfen. Unter kaltem Wasser abschrecken und abtropfen lassen. Gurke und Karotte in dünne Stifte schneiden. Alle Dressingzutaten gut verrühren. Nudeln in kochendem Salzwasser garen (sie sollten bissfest bleiben). Abgießen und unter kaltem Wasser abschrecken. Mit der Hälfte des Dressings mischen und beiseitestellen. Das Gemüse und den übrigen Teil des Dressings in eine Salatschale geben und miteinander vermengen. Unter die Nudeln mischen oder getrennt servieren.

Weintraubensalat

2 Portionen

- 100 g Zuckerschoten
- 1 kleine rote Perlzwiebel
- 1 kleine Gurke
- 1 Handvoll blaue Weintrauben
- 1 orangefarbene Paprika
- frisch gehackte Minze

Dressing

- 4 EL Naturjoghurt
- 2 EL gehackte Minze
- 1 TL Limettensaft
- Salz und frisch gemahlener Pfeffer

Zuckerschoten 3 bis 4 Minuten in einem Dämpfeinsatz angaren, dann unter kaltem Wasser abschrecken (sie sollten knackig bleiben). Zwiebel fein hacken und Gurke klein schneiden. Weintrauben waschen und je nach Größe ggf. halbieren. Paprika in dünne Streifen schneiden. In einer Salatschüssel alle Dressingzutaten gut verrühren und abschmecken. Zwiebel, Gurke, Paprika und Trauben hineingeben und alles vorsichtig vermengen. Die Zuckerschoten auf Teller verteilen, den Salat daneben anrichten und mit Minze bestreut servieren.

Buchweizennudelsalat mit Brokkoli
Weintraubensalat

Rucolasalat

auf Champignon mit Ziegenkäse

pro Portion

- 1 Portobello- oder Riesenchampignon
- 1 kleiner Apfel
- 3 EL Pekannüsse
- 40 g Ziegenfrischkäse
- 1 Prise frischer Thymian (optional)
- Rucola

Ahornsirup-Dressing

- ½ TL Weißweinessig
- 1 TL Ahornsirup
- 1 TL Haselnussöl
- ½ TL natives Olivenöl extra
- Salz und frisch gemahlener Pfeffer

Champignon entstielen. Apfel würfeln (mit Zitronensaft beträufeln, wenn der Salat nicht sofort serviert wird). Pekannüsse ohne Fett ein paar Minuten in der Pfanne anrösten, dann fein hacken. Ziegenkäse zu kleinen Kugeln formen und in Thymian und den Pekannüssen wenden. Beiseitestellen. Rucola und Apfel vermengen. Alle Dressingzutaten gut verrühren, darübergeben und vermischen. Auf dem Pilz anrichten und mit den Käsekugeln garniert servieren.

Brunnenkressesalat

mit Zitrusfrüchten

2 Portionen

- 1 Kohlrabi
- 1 Blutorange und 1 normale Orange
- 1 Bund Brunnenkresse

Orangendressing

- 1 EL Orangensaft
- 2 TL Honig
- 2 EL weißer Balsamico-Essig
- 1 TL Dijon-Senf
- 3 EL Olivenöl
- Salz und Pfeffer mit 1 Prise Kurkuma (optional)

Den Kohlrabi in Stifte schneiden, die Orangen filetieren und klein schneiden. Alle Dressingzutaten gut verrühren und über Brunnenkresse und Kohlrabi geben. Umrühren und abschmecken. Die Orangenfilets vorsichtig untermischen und servieren.

Rucolasalat auf Champignon
mit Ziegenkäse
Brunnenkressesalat
mit Zitrusfrüchten

Kohlrabisalat

mit Cranberrys

2–4 Portionen

- 1 Kohlrabi, gewürfelt
- 1 Avocado, gewürfelt
- ½ grüner Apfel, gewürfelt
- 1 Handvoll getrocknete Cranberrys, gehackt
- 1 Handvoll Pistazien, gehackt

Dressing

- Saft von ½ Zitrone
- 1 TL Honig
- 4 EL natives Olivenöl extra
- 5–6 Minzeblätter, gehackt
- Salz und frisch gemahlener Pfeffer

Kohlrabi, Avocado, Apfel und Cranberrys in eine Salatschüssel geben. Alle Dressingzutaten gut verrühren, über den Salat geben und vorsichtig vermengen. Abschmecken und mit Pistazien bestreut servieren.

Marinierter Tofu

mit Rotkohl-Paprika-Salat

pro Portion

- 2 dünne Scheiben Tofu
- Sojasauce
- ¼ TL fein gehackte rote Chili
- 25 g Rotkohl, fein geraspelt
- 25 g Paprika, in dünne Streifen geschnitten
- 25 g Bohnensprossen
- 1 kleine Perlzwiebel, gehackt

Dressing

- 1 EL Zitronensaft
- 1 TL Mirin-Sauce (Asia-Laden)
- 1 TL helle Sojasauce
- 3 EL Olivenöl
- schwarzer Pfeffer oder Szechuan-Pfeffer

Tofu zwischen Küchenpapier legen und das Wasser herausdrücken. Sojasauce mit Chili verrühren und die Tofuscheiben 1 Stunde darin marinieren. In einer beschichteten Pfanne bei mittlerer Hitze auf beiden Seiten anbraten.

Alle Dressingzutaten gut miteinander verrühren.

Rotkohl in kochendem Wasser 2 Minuten blanchieren. In kaltem Wasser abkühlen, dann abgießen und gut abtropfen lassen. Paprika, Sprossen, Zwiebel und den Rotkohl in eine Salatschüssel geben. Das Dressing darübergießen und gut vermengen. Mit den gebratenen Tofuscheiben servieren.

Kohlrabisalat
mit Cranberrys

Blumenkohlsalat

à la Waldorf

2 Portionen

- 125 g kleine Blumenkohlröschen
- 1 grüner Apfel
- 1 roter Apfel
- Zitronensaft
- 100 g Weißkohl, fein gehobelt
- 2 EL Wal- und Pekannüsse, gehackt
- Haselnussöl
- Balsamico-Essig
- Pfeffer mit 1 Prise Kurkuma
- Cranberrys (optional)

Blumenkohlröschen einige Minuten in kochendem Wasser blanchieren und unter kaltem Wasser abschrecken. Äpfel fein würfeln und mit Zitronensaft beträufeln.
Blumenkohl, Weißkohl, Äpfel und die Nüsse in eine Salatschale geben. Öl, Essig, Pfeffer mit Kurkuma zugeben, vermengen und abschmecken. Nach Wunsch mit Cranberrys bestreut servieren.

Kohlsalat

rot-weiss

2 Portionen

- 100 g Rotkohl, fein gehobelt
- 100 g Weißkohl, fein gehobelt
- 1 Frühlingszwiebel oder Schalotte

Dressing

- 2 EL natives Olivenöl extra
- 1 TL Weinessig
- 1 TL Limettensaft
- frischer Thymian
- Salz und frisch gemahlener Pfeffer

Gehobelten Rot- und Weißkohl einige Minuten blanchieren, dann sofort in kaltem Wasser abkühlen lassen und abgießen. Frühlinszwiebel in feine Ringe schneiden. Alle Dressingzutaten miteinander verrühren. Über Kohl und Frühlingszwiebel geben und gut umrühren. Als Beilage servieren.

Blumenkohlsalat
à la Waldorf

Kohlsalat

mit grüner Paprika

4–6 Portionen

- 1 grüne Paprika, in Streifen geschnitten
- 1 TL fein gehackter Knoblauch
- 2 Frühlingszwiebeln, in dünne Ringe geschnitten
- Erdnuss- oder Rapsöl
- 400 g Weißkohl, in feine Streifen geschnitten
- 4 EL geröstete Erdnusskerne
- 4–6 kleine Tomaten

Dressing

- 2 EL Fischsauce (Asia-Laden)
- abgeriebene Limettenschale
- 2 EL Limettensaft
- 4 EL Rapsöl
- Salz und Pfeffer mit 1 Prise Kurkuma

Für das Dressing alle Zutaten gut miteinander verrühren und beiseitestellen. In einem Wok Paprika, Knoblauch und Frühlingszwiebeln in Öl anbraten, dann ebenfalls zur Seite stellen.
Weißkohlstreifen in kochendem Salzwasser 2 bis 3 Minuten blanchieren, dann sofort in kaltem Wasser abkühlen lassen. Abgießen und gut abtropfen lassen. Das Dressing darübergießen und vermengen. In eine Salatschüssel oder Portionsschalen geben. Die Frühlingszwiebel-Knoblauch-Mischung darüberstreuen und die Paprikastreifen darauf anrichten. Mit den in der Pfanne gerösteten Erdnüssen bestreuen und mit einer Tomatenrose garniert servieren.

Tipp
Um die Geschmacksnote zu variieren, dem Dressing 1 Teelöffel Kokosmilch zufügen.

Hinweis
Achten Sie immer darauf, die äußeren Kohlblätter zu entfernen, da diese oft hart sind. Auch der Strunk sollte entfernt werden – das geht mühelos, wenn man den Kohl zuvor viertelt.

Kohlsalat mit grüner Paprika

Rote-Bete-Salat
mit Rosenkohl

pro Portion

- 1 mittelgroße Rote Bete
- 2 Rosenkohlröschen
- 1 EL Pekannüsse
- 1 Orange
- 1 TL fein gewürfelte rote Zwiebel

Dressing

- 1 EL Nuss- oder Olivenöl
- 1 TL Balsamico- oder Sherryessig
- 1/2 TL abgeriebene Orangenschale
- 1 TL frisch gehackter Dill
- Salz und frisch gemahlener Pfeffer
- 1 Prise Kurkuma

Backofen auf 180 °C vorheizen. Rote Bete und etwas Wasser in eine Auflaufform geben und abgedeckt im Ofen 60 bis 90 Minuten weich garen. Abkühlen lassen, schälen, in feine Streifen schneiden und beiseitestellen. Rosenkohl 2 Minuten blanchieren und ebenfalls in dünne Streifen schneiden. Pekannüsse ohne Fett anrösten und hacken.

Orange filetieren und klein schneiden, dabei den heraustropfenden Saft für das Dressing auffangen. In einer Salatschüssel Öl, Essig, Orangenschale, Dill und Orangensaft gut verrühren. Mit Salz, Pfeffer und Kurkuma würzen. Das Dressing über Rote Bete, Rosenkohl, Pekannüsse, Zwiebel und Orangenstücke geben und vorsichtig umrühren.

Tipp

Beim Schälen der Rote Bete Handschuhe tragen, um Verfärbungen an den Fingern zu vermeiden. Und: Im Ofen gebackene Rote Bete haben ein besseres Aroma als gekochte Rote Bete.

Gegrillter Porree
an Salat aus Feta und Minze

4 Portionen

- 8 junge dünne Porreestangen
- natives Olivenöl extra
- 2 Tomaten, entkernt
- 150 g Fetakäse
- 50 g entsteinte schwarze Oliven, gehackt

Dressing

- natives Olivenöl extra
- 2–3 EL Zitronensaft
- 1 Knoblauchzehe, fein gehackt
- 1/2 frische rote Chili, entkernt und fein gehackt (optional)
- 2 EL frisch gehackte Minze
- Salz und frisch gemahlener Pfeffer
- Minzeblätter zum Garnieren

Porree in kochendem Salzwasser 2 Minuten blanchieren. Unter kaltem Wasser abschrecken, mit Küchenpapier trocken tupfen, in Stücke schneiden und mit Olivenöl bestreichen. In einer Grillpfanne bei mittelstarker Hitze auf jeder Seite 2 bis 3 Minuten anbraten. Beiseitestellen. Tomaten und Fetakäse fein würfeln. Alle Dressingzutaten in einer Schüssel gut verrühren und abschmecken. Über die Tomaten-Käse-Mischung geben. Oliven unterrühren.

1 bis 2 Stunden im Kühlschrank ziehen lassen, dabei ab und zu umrühren. 15 bis 30 Minuten vor der Mahlzeit aus dem Kühlschrank nehmen. Kurz vor dem Servieren auf dem Porree anrichten und mit Minzeblättern garnieren.

Rote-Bete-Salat mit Rosenkohl

Blattsalat

mit Prosciutto und Ziegenkäse

2–3 Portionen

- 1 Kaki-Frucht
- 4 Scheiben luftgetrockneter Schinken
- Blattsalat nach Wahl
- 100 g weicher Ziegenkäse

Dressing

- 2 getrocknete Tomaten in Öl
- 2 EL Olivenöl
- 1 TL Limettensaft
- 1 TL roter oder weißer Balsamico-Essig
- Kräuter (nach Wahl)
- Salz und frisch gemahlener Pfeffer

Kaki in dünne Scheiben schneiden. Schinken in Streifen schneiden und zu kleinen Blüten aufrollen.
Für die Sauce die getrockneten Tomaten sehr fein hacken, in eine Schale geben und die übrigen Dressingzutaten zufügen. Gut verrühren und abschmecken. Blattsalat, Kakischeiben und Schinkenblüten auf Tellern anrichten. Ziegenkäse zu kleinen Kugeln formen, halbieren und auf die Fruchtscheiben setzen. Das Dressing über oder neben den Salat träufeln.

Tipp

Wenn keine Kaki erhältlich sind, können Sie stattdessen Cantaloupe-Melone verwenden. Die Schinkenblüten nach Geschmack vor dem Anrichten mit Dressing bestreichen.

Hinweis

Kakifrüchte sind eine gute Quelle für Provitamin A. Ihre aktiven Farbstoffe wie Karotin, Lykopin und Xanthin verstärken die gesundheitsfördernde Wirkung des Provitamins A und schützen vor einigen Krebsarten sowie Herz-Kreislauf-Erkrankungen.

Blattsalat
mit Prosciutto und Ziegenkäse

Papaya-Reissalat

mit Garnelen und Heidelbeeren

pro Portion

- 1/2 Papaya
- Avocado
- 1 TL Limettensaft
- 1 Selleriestange, in dünne Scheiben geschnitten
- 1 Frühlingszwiebel, in dünne Ringe geschnitten
- 175 g gekochtes Garnelen- oder Krabbenfleisch, gehackt
- 75 g gekochter Reis (gekocht gewogen)
- Olivenöl-Mayonnaise
- 1 Prise Rosenpaprika
- 1 Prise Kurkuma
- 1 Prise frisch gemahlener Pfeffer
- 1 TL Orangensaft
- 1 Handvoll Waldheidelbeeren
- 1 große gekochte Garnele
- Limettenschale (optional)

Papaya halbieren und in dünne Scheiben schneiden. Mit der Avocado ebenso verfahren und mit Limettensaft beträufeln, damit sie sich nicht verfärbt. Sellerie, Frühlingszwiebel, Garnelenfleisch, Reis, Mayonnaise und Gewürze in eine Schüssel geben und gut umrühren. Einige Tropfen Orangen- oder Limettensaft zufügen und abschmecken. Papaya- und Avocadoscheiben auf einem Teller anrichten und die Salatmischung mit Heidelbeeren, der ganzen Garnele und Limettenschale garniert sofort servieren.

Tipp

Wer möchte, kann den Salat in der ausgehöhlten Avocadoschale anrichten. Die Frühlingszwiebeln können durch Schnittlauch, der Limetten- durch Zitronensaft ersetzt werden.

Papaya-Reissalat
mit Garnelen
und Heidelbeeren

Geflügel

Kräuter-Limetten-Huhn

mit Zitrusfrüchten

4–5 Portionen

1 Poularde (1,5 bis 2 kg)
6–8 Zweige Rosmarin
6–8 Zweige Bohnenkraut
1 Zwiebel oder Schalotte
2 Limetten, geschält
2 EL Olivenöl
Salz und frisch gemahlener schwarzer Pfeffer
1 Prise Kurkuma

Backofen auf 200 °C vorheizen. Je 3 bis 4 Zweige Rosmarin und Bohnenkraut fein hacken, Zwiebel und Limetten fein würfeln und in eine Schale geben. Olivenöl, Salz, Pfeffer und Kurkuma zufügen. Die Poulardenhaut entlang des Rückens einschneiden, vorsichtig anheben und die Kräutermischung zwischen Haut und Fleisch schieben. Mit den restlichen Kräutern bedeckt im Ofen 25 bis 30 Minuten braten. Abdeckung entfernen und weitere 30 Minuten goldbraun braten, dabei ab und zu mit dem Bratensaft begießen. Das Huhn ist gar, wenn das Brustfleisch nicht mehr rosa ist. Haut und Kräuter nach Wunsch vor dem Servieren entfernen. Zum Huhn den mit Limetten abgeschmeckten Bratensaft und junge Kartoffeln, blanchiertes Gemüse (1 Minute Garzeit) oder einen grünen Salat reichen.

Hähnchenbrust

mit Feigensauce

1–2 Portionen

3 getrocknete dunkle Feigen
4 EL Rotwein
1 Hähnchenbrustfilet
1 kleine Schalotte, gehackt
1 EL Olivenöl
Salz und frisch gemahlener Pfeffer
1 Knoblauchzehe
Saft von 1/4 Zitrone
125 ml Hühnerbrühe
1 Prise gemahlener Kümmel
2 Prisen Zimt
1 TL frisch gehackter Koriander
1 Prise Kurkuma

Feigen mindestens 1 Stunde in Rotwein einweichen, dann fein schneiden. Hähnchenfilet mit der Schalotte in Olivenöl anbraten und würzen. Aus der Pfanne nehmen und abgedeckt beiseitestellen. Überschüssiges Fett aus der Pfanne gießen und die Pfanne zurück auf den Herd stellen. Den Rotwein zugießen und auf die Hälfte einkochen. Knoblauch, Zitronensaft, Brühe, Gewürze und die Feigen zugeben. Zu einer glatten Sauce pürieren. Abschmecken. Mit dem Hähnchenfilet servieren. Dazu Reis und gedämpftes Gemüse wie Rosen- oder Blumenkohl oder gemischte junge Salate mit einem Dressing Ihrer Wahl reichen.

Tipp

Dieses Gericht ist ideal für ein Picknick. Aus den Knochen und übrigen Resten lässt sich noch eine schöne Brühe zubereiten.

Kräuter-Limetten-
Huhn

Kokos-Hühnerflügel

3–4 Portionen

12 Hühnerflügel oder -unterkeulen
Öl oder geklärte Butter

Marinade

250 ml Kokosmilch
1 Knoblauchzehe, gehackt
2 TL fein gehacktes Zitronengras
1/2 TL Sambal Oelek (Chilipaste)
2 EL weißer Balsamico-Essig
2 TL Honig
3 TL Limettensaft
1 EL Kokosraspel

Alle Marinadenzutaten verrühren. Die Flügel darin 1 Stunde ziehen lassen. Anschließend im Backofen bei 200 °C etwa 20 bis 30 Minuten gar schmoren (zwischendurch einmal wenden), dabei mit Öl, geklärter Butter oder der restlichen Marinade bestreichen.

Tipp
Die Chilipaste kann durch Cayennepfeffer oder ein Stück fein gehackte Chili ersetzt werden.

Maishähnchen

mit Himbeersauce

2 Portionen

1 Bund Estragon
1 Orange, geviertelt
2 Frühlingszwiebeln, gehackt
1 kleines Maishähnchen (700–1000 g)
Salz und Pfeffer
1 Prise Kurkuma

Himbeersauce

150 g frische oder tiefgekühlte Himbeeren
1 TL Zitronensaft
Honig

Estragon, Orange und Frühlingszwiebeln in die Bauchhöhle des Hähnchens geben und mit Salz, Pfeffer und Kurkuma würzen. Die Schlegel mit Küchenzwirn zusammenbinden und das Hähnchen in den Bräter legen. Im Ofen bei 180 °C ca. 90 Minuten gar werden lassen.

Für die Himbeersauce die Beeren mit Zitronensaft und Honig im Mixer glatt pürieren. Durch ein Sieb streichen, um die Kerne zu entfernen, und in einer kleinen Schale zum Hähnchen reichen.

Tipp
Für eine Weinsauce: Das überschüssige Fett abschöpfen und den Bräter auf mittlerer Stufe einige Minuten unter Rühren erhitzen, bis der Bratensaft karamellisiert. Ein kleines Stück Butter zugeben. Mit Rot- oder Portwein ablöschen und die Sauce durch ein Sieb geben. Mit fein gehacktem Estragon oder Knoblauch aromatisieren.

Kokos-Hühnerflügel

Hühnerstreifen
mit Pistazienkruste

2 Portionen

- 1 Hähnchenbrust
- 80–100 g Pistazienkerne
- Erdnussöl
- 10 Zuckerschoten
- grüne Paprika, in Streifen geschnitten
- Chinakohl oder Pak-Choi, klein geschnitten
- 2 Frühlingszwiebeln, gehackt
- 1 Knoblauchzehe, gehackt
- 2 EL schwarze Bohnensauce oder Sojasauce
- Stärke (optional)

Hähnchenfleisch in dünne Streifen schneiden. Pistazien ohne Fett anrösten und fein hacken. Die Hähnchenstreifen darin panieren und in Erdnussöl scharf anbraten. Warm halten. Das Gemüse mit Frühlingszwiebeln und Knoblauch 4 bis 5 Minuten anbraten. Bohnensauce, etwas Wasser und nach Wunsch Stärke unterrühren. 2 Minuten köcheln lassen (das Gemüse sollte noch knackig sein). Mit den Hähnchenstreifen und schmalen Reisbandnudeln servieren.

Hühnerfleisch
asiatische Art

pro Portion

- 1 Handvoll gekochte Chow-Mein-Eiernudeln (Asia-Laden)
- 100 g Hähnchenbrustfilet
- 2 EL Guavennektar oder -saft
- 1 TL Zitronensaft
- Knoblauch, gehackt
- Ingwer, gehackt
- 1 Handvoll Zuckerschoten
- Austern- oder Shiitake-Pilze
- Soja- oder Erdnussöl
- Sojasauce

Nudeln im Wok frittieren, auf Küchenpapier abtropfen lassen und warm stellen. Hähnchenfleisch in Streifen schneiden, mit Guavennektar, Zitronensaft, etwas Knoblauch und Ingwer mischen und auf einem Blech unter dem Backofengrill gar dünsten. Zuckerschoten und Pilze mit Knoblauch und Ingwer nach Geschmack in Öl anbraten. Mit Sojasauce beträufeln. Alles auf den Nudeln anrichten.

Hühnerfleisch
Chop Suey

4 Portionen

- 1 EL Honig (optional)
- 4 EL helle Sojasauce
- 300 g Hähnchenbrustfilet
- 1 Stück Tofu (optional)
- Sonnenblumen- oder Traubenkernöl
- 2 Zwiebeln, in Spalten geschnitten
- rote und gelbe Paprika, in Streifen geschnitten
- 2 Knoblauchzehen, gehackt
- 325 g Bohnensprossen
- Sesamöl
- 250 ml Hühnerbrühe (optional)
- 3 TL Stärke
- 3 EL kaltes Wasser
- Sojasauce

Honig in der Sojasauce bei geringer Hitze auflösen. Hähnchen und Tofu in dünne Streifen schneiden, in eine Schale legen und mit der Honigsojasauce beträufeln. 30 bis 60 Minuten im Kühlschrank ziehen lassen. Dann im Wok in etwas Öl anbraten, beiseitestellen. Erneut Öl in den Wok geben. Zwiebeln, Paprika und Knoblauch 2 Minuten darin anbraten und beiseitestellen. Bohnensprossen ebenso anbraten (sie müssen knackig bleiben), herausnehmen und mit etwas Sesamöl aromatisieren.

Brühe in den Wok geben. Stärke in Wasser auflösen und in die Brühe einrühren. Aufkochen und eindicken lassen. Mit Sojasauce würzen. Gemüse, Hähnchenfleisch und Tofu in die Sauce geben und gut umrühren. Alternativ die Zutaten geschichtet anrichten und die Sauce getrennt reichen.

Hühnerstreifen
mit Pistazienkruste

Hähnchenbrust

en papillote

pro Portion

- 1 Hähnchenbrustfilet
- 5–8 grüne Spargelstangen
- Butter oder Öl
- verschiedenes Gemüse, dünn gestiftelt (Karotten, Paprika, Schalotten und Zwiebeln)
- Sesamkörner und Leinsamen

Sauce

- 1 EL frisch geriebener Ingwer
- 1 TL Honig oder Fruchtzucker
- 1 EL helle Sojasauce
- 1/2 TL Sesamöl

Unteres Ende der Spargelstangen abschneiden und den Spargel 3 bis 4 Minuten dämpfen. Sofort unter kaltem Wasser abschrecken und beiseitestellen. Alle Zutaten für die Sauce miteinander verrühren. Hähnchenbrust zwischen zwei Lagen Frischhaltefolie mit der flachen Seite des Fleischklopfers oder einem Nudelholz flach klopfen. Ein ca. 60 cm langes Pergamentpapier (die genaue Größe hängt davon ab, wie Sie es anschließend zusammenfalten) zuschneiden und von beiden Seiten buttern oder mit Öl einsprühen. Das Gemüse fächerförmig auf dem Papier anordnen, die Hähnchenbrust darauflegen, mit der Sauce begießen und mit Sesam und Leinsamen bestreuen. Das Papier mit dekorativen Falten oder wie ein Bonbon fest zu einem Päckchen verschließen.
Backofen auf 200 °C vorheizen. Das Päckchen auf ein Blech legen und im Ofen 12 bis 15 Minuten backen (es bläht sich dabei auf und wird hellbraun). In der Mitte aufschneiden und sofort servieren. Dazu Reis oder Nudeln reichen, die mit Olivenöl beträufelt und mit frisch gehackten Kräutern (Schnittlauch, Minze) bestreut sind.

Pollo Cacciatore

(Hähnchen Jägerart)

4 Portionen

- 1 große Zwiebel, fein gehackt
- 3 Knoblauchzehen, gehackt
- 4 EL Olivenöl
- 2 Scheiben Pancetta, gehackt
- 12 Champignons, in dicke Scheiben geschnitten
- 1,5 kg Hähnchenteile
- 75 ml Rotwein
- 1 kleine Dose Tomatenstücke
- 1 TL Honig
- 1 frischer Oreganozweig
- 1 frischer Thymianzweig
- 1 Lorbeerblatt
- gemahlener schwarzer Pfeffer
- 1 Prise Kurkuma
- 250 ml Brühe

Zwiebel und Knoblauch in Öl bei mittlerer Hitze goldgelb dünsten. Hochschalten, Pancetta und Pilze zufügen und unter ständigem Rühren 4 bis 5 Minuten anbraten. Beiseitestellen. Hähnchenteile in einem Schmortopf in 2 Portionen mit Öl scharf anbraten. Fett abgießen. Mit Wein ablöschen und 5 Minuten bei starker Hitze einkochen lassen. Tomaten, Honig, Kräuter, Pfeffer und Kurkuma zufügen. Brühe zugießen und zum Kochen bringen. Abgedeckt bei mittlerer Hitze 25 bis 30 Minuten schmoren lassen, bis das Fleisch weich ist, aber noch nicht vom Knochen fällt. Die Pancetta-Pilz-Mischung zugeben. Kräuter entfernen. Die Sauce abschmecken. Mit Kartoffeln oder Nudeln servieren.

Hähnchenbrust en papillote

Zitronenhuhn

4 Portionen

12–16 Hähnchenunterkeulen
1 große Porreestange
3 EL Olivenöl
abgeriebene Schale von 1 Zitrone
Stärke
4 EL frisch gepresster Zitronensaft
Sake oder trockener Weißwein
400 g Pariser Karotten
2 kleine Pak-Chois, halbiert
Zitronenspalten zum Garnieren

Hähnchenkeulen in einer beschichteten Pfanne 5 Minuten scharf anbraten. Beiseitestellen. Porree in Ringe schneiden und weich dünsten. Olivenöl und Zitronenschale zugeben und weitere 1 bis 2 Minuten dünsten. Mit Stärke bestreuen und Zitronensaft sowie ggf. etwas Wasser unterrühren. Beiseite stellen. Die Keulen weitere ca. 10 bis 15 Minuten braten, bis sie gar und goldbraun sind. Mit etwas Sake oder Wein beträufeln. Das Gemüse so dämpfen, dass es noch Biss hat, auf einem Teller mit den Hähnchenkeulen anrichten und mit Zitronenspalten garnieren.

Hühnerstreifen

mit Ingwer und Orange

2 Portionen

250 g Hähnchenbrustfilet
100 g Jasminreis
1 EL Rapsöl
1 kleine Zwiebel, gewürfelt
50 g Karotten, in Stifte geschnitten
75 g Brokkoli, klein geschnitten

Sauce

1 TL Stärke
1/2 TL gehackter Knoblauch
1 TL frisch geriebener Ingwer
1 EL chinesischer Kochwein oder Weißwein
1 TL Honig
Saft von 1/2 Orange

Zum Garnieren

1 Orange, filetiert (optional)
gehackter Schnittlauch

Hähnchenbrust in Streifen schneiden. Reis dämpfen und beiseitestellen. Für die Sauce Stärke und die restlichen Saucenzutaten mit etwas Wasser verrühren. Öl in einem Wok oder einer unbeschichteten Pfanne erhitzen. Zwiebel, Karotten und Brokkoli darin auf hoher Stufe 2 bis 3 Minuten anbraten. Mit etwas Kochwein beträufeln und herausnehmen. Erneut Öl in den Wok geben und die Hähnchenstreifen scharf anbraten. Sauce zugießen, aufkochen und 5 bis 8 Minuten köcheln lassen (ggf. noch etwas Wasser zugeben). Orangenfilets mit dem warmen Reis mischen oder als Garnierung verwenden. Mit dem Gemüse und dem Fleisch in der Sauce servieren. Mit Schnittlauch garnieren.

Tipp

Für ein intensiveres Aroma die rohen Hähnchenstreifen 1 Stunde in der Hälfte der Sauce (ohne die Stärke) marinieren. Der Ingwer kann bei Bedarf, wenn kein frischer zur Hand ist, durch 1 TL Ingwerpulver ersetzt werden und die Stärke durch Reismehl.

Zitronenhuhn

Glacierte Wachteln

mit asiatischen Gewürzen

4 Portionen

- 2 Sternanis
- 2 TL gemahlener Zimt
- 2 TL Fenchelsamen
- 2 TL Szechuan-Pfeffer
- 1 Prise gemahlene Nelken
- 1 kleine Zwiebel, fein gehackt
- 2 Frühlingszwiebeln, grob gehackt
- 1 Knoblauchzehe, zerdrückt
- 4 EL flüssiger Honig
- 2 EL Sojasauce
- 1 EL Traubenkernöl
- 4 Kumquats, geviertelt
- 4 bratfertige Wachteln
- grünes Gemüse (z. B. Bohnen, Chinakohl)
- Reis-Vermicelli (oder Fadennudeln)

Die Gewürze in einem Mörser zerstoßen. Zusammen mit Zwiebel, Frühlingszwiebeln, Knoblauch, Honig, Sojasauce, Öl, Kumquats in einem großen Bräter verrühren. Wachteln in Stücke schneiden, in der Gewürz-Saucenmischung wenden und mindestens 3 Stunden marinieren.

Die Wachteln unter dem Backofengrill oder auf einem Grill auf jeder Seite 7 bis 8 Minuten gar braten, dabei mehrmals mit der Marinade bestreichen. Das grüne Beilagengemüse in einer Pfanne mit Öl und einem Schuss Sojasauce anbraten. Die Wachteln auf den Nudeln und dem Gemüse angerichtet servieren.

Wachteltrio

in Rotwein und Kräutern geschmort

2 Portionen

- 250 ml Rotwein
- 3 Wachteln
- Rosmarinzweige
- Salbeizweige
- Stangenselleriebblätter
- 3 kleine Zwiebeln, gehackt
- Babykarotten
- Stangensellerie, in Stücke geschnitten
- Porree, in Stücke geschnitten
- Honig
- Olivenöl
- Salz und Pfeffer mit 1 Prise Kurkuma

Backofen auf 160 °C vorheizen. Rotwein in einen Bräter gießen. Wachteln säubern und mit Kräutern, Sellerieblättern und Zwiebeln füllen. Flügel und Beine mit Küchenzwirn zusammenbinden. Mit dem Gemüse in den Bräter geben und abgedeckt 20 Minuten im Ofen backen (alternativ das Gemüse getrennt dämpfen). Deckel abnehmen. Wachteln mit Honig und Olivenöl bestreichen, würzen und 3 bis 5 Minuten goldbraun braten. Vor dem Servieren 10 Minuten ruhen lassen. Den Bratensaft bei schwacher Hitze einkochen und nach Wunsch mit etwas Stärke andicken. Abschmecken. Mit dem Gemüse servieren.

Tipp

Wachtelfleisch wird bei zu langer Garzeit zäh. Anders als bei Huhn bleibt die Brust rosa.

Glacierte Wachteln mit asiatischen Gewürzen

Entenbrust
mit Ingwer-Honig-Sauce

pro Portion

- Sojasauce
- Limettensaft
- 4-5 Brokkoliröschen
- 1/2 rote Paprika, in dünne Streifen geschnitten
- Sesamöl
- je 1 Prise Pfeffer und Kurkuma
- 125 g Entenbrustfilet
- Vermicelli nach Wahl

Sauce

- 1/2 TL gehackter Knoblauch
- 1/2 TL gehackter Ingwer
- 1 EL Honig oder Ahornsirup
- 1 EL Sojasauce

Wasser mit etwas Sojasauce und Limettensaft zum Kochen bringen und Brokkoli darin blanchieren. Paprika in Sesamöl anbraten und mit Pfeffer und Kurkuma würzen. Entenbrust in einem Bräter im Backofen bei 220 °C 9 bis 12 Minuten braten, je nachdem, wie durchgebraten Sie das Fleisch gerne mögen. Dünn aufschneiden. Alle Saucenzutaten in einem kleinen Topf erhitzen und durchziehen lassen. Mit der Entenbrust, dem Gemüse und den Reisnudeln servieren.

Tipp

Für eine Weinsauce: Das überschüssige Fett abschöpfen und den Bräter auf mittlerer Stufe einige Minuten unter Rühren erhitzen, bis der Bratensaft karamellisiert. Ein kleines Stück Butter zugeben und mit Rot- oder Portwein ablöschen. Die Sauce durch ein Sieb geben. Mit fein gehacktem Estragon oder Knoblauch aromatisieren.

Entenbrust
mit Rotkohl

2 Portionen

- 250 g Entenbrustfilet mit Haut
- 2 Schalotten, fein gehackt
- 50 ml Rotwein
- 2 EL Butter
- 1/2 kleiner Rotkohlkopf (ca. 500 g)
- Balsamico-Essig
- 50 ml Brühe
- 1/2 TL Honig
- 1/2 TL Garam Masala
- 1 Knollensellerie
- 2 EL Butter
- 2 EL Sahne
- Salz und frisch gemahlener Pfeffer

Entenbrust auf der Hautseite mehrfach einschneiden und in der Pfanne ca. 9 bis 12 Minuten braten – je nachdem, wie durch das Fleisch sein soll. Herausnehmen und warm stellen. Für die Sauce 1 Schalotte in dem Bratensatz andünsten, mit Rotwein ablöschen und mit Butter aufschlagen. Vom Herd nehmen und abschmecken.

Kohlstrunk entfernen, die Blätter in feine Streifen schneiden. Mit der zweiten Schalotte 5 Minuten andünsten. Mit Essig ablöschen, die Brühe zugeben und mit Honig und Garam Masala würzen. Beiseitestellen. Sellerie schälen, in grobe Stücke schneiden und in Salzwasser weich kochen. Abgießen, zerstampfen, Butter und Sahne untermischen und abschmecken. Mit Esslöffeln zu kleinen Nocken formen. Die aufgeschnittene Entenbrust mit dem Rotkohl und den Selleriepüreenocken auf Tellern anrichten. Die Sauce getrennt dazu reichen.

Entenbrust mit Ingwer-Honig-Sauce

Putenrouladen

mit Gemüse und Thaisauce

pro Portion

1 Frühlingszwiebel
1 kleine Karotte
1 Rotkohlblatt
1 Putenschnitzel

Thaisauce

1 gehäufter TL getrocknete Garnelen
2 EL Sesamöl
1/2 TL Fischsauce
1 Knoblauchzehe, gehackt
1 TL frisch geriebener Ingwer
2 EL Sojasauce
2 TL Honig
Saft von 1/2 Limette
1/2 TL frisch gehackter Koriander (optional)

Für die Sauce die getrockneten Garnelen in einem Wok in Sesamöl anbraten. Fischsauce, Knoblauch und Ingwer zufügen und 1 bis 2 Minuten anbraten. Durch ein Sieb geben, die restlichen Saucenzutaten unterrühren und beiseitestellen. Das Gemüse ein paar Minuten in kochendem Wasser mit Limettensaft blanchieren, abschrecken und trocken tupfen. Putenschnitzel zwischen 2 Lagen Frischhaltefolie flach klopfen. Mit der geputzten Frühlingszwiebel und dem in dünne Stifte geschnittenen Gemüse füllen, aufrollen und mit Küchenzwirn zusammenbinden. Die Roulade in einer Pfanne bei mittelstarker Hitze in Öl braten und dabei mit der Thaisauce bestreichen. Aufschneiden und auf dünnen Asia-Nudeln oder Reis servieren.

Coq au Vin

(Huhn in Weinsauce)

4–5 Portionen

1 Poularde (2 kg)
300 ml kräftiger Rotwein
375 ml Hühnerbrühe
1 Gemüsezwiebel, gehackt
2 Knoblauchzehen, gehackt
35 g Mehl, mit Salz und Pfeffer gewürzt
60 g ungeräucherte Pancetta
1 1/2 EL Olivenöl
2 EL Cognac (optional)
1 EL Tomatenmark
1 Bouquet garni (s. Glossar)
Salz und Pfeffer mit 1 Prise Kurkuma

Zum Garnieren

12 Perlzwiebeln
20–30 Champignons
1 EL Olivenöl oder 1 EL Butter, mit 1 EL Mehl verknetet
2 EL gehackte glatte Petersilie

Poularde waschen, trocken tupfen, häuten und zerlegen. Wein und Brühe zum Kochen bringen und 15 Minuten einköcheln lassen. Zwiebel und Knoblauch goldbraun dünsten. Beiseitestellen. Hähnchenteile im Mehl wenden und mit Pancetta in Olivenöl goldbraun anbraten. Nach Wunsch mit Cognac flambieren. Tomatenmark und die Wein-Brühe-Mischung zugeben und unter ständigem Rühren zum Kochen bringen. Bouqet garni und die gedünstete Zwiebelmischung zugeben. Umrühren und abschmecken. Im vorgeheizten Backofen bei 180 °C 45 bis 60 Minuten schmoren, dabei ab und zu mit der Sauce übergießen. Perlzwiebeln und Champignons in etwas Olivenöl oder einer Butter-Mehl-Mischung anbraten. Petersilie zugeben und würzen. Zu den geschmorten Hühnerteilen und der Sauce reichen.

Putenrouladen
mit Gemüse und Thaisauce

Pute in Salzlake

mit Trockenobstfüllung

7–8 Portionen

Das Einlegen in eine Salzlake macht eine aufgetaute Pute (ob ganz oder in Teilen) saftiger: pro Liter kalten Wassers 50 g Tafelsalz auflösen. Die Pute in ein Gefäß legen, das groß genug ist, um das Tier vollständig mit der Lake zu bedecken. Abgedeckt im Kühlschrank 8 Stunden pökeln lassen. Dann herausnehmen, die Lake weggießen, die Pute füllen und ohne zusätzliches Salz zubereiten.

1 ganze Pute (6–7 kg)

Füllung

- 2 Selleriestangen
- ½ milde Zwiebel
- 2 Äpfel
- 100 g getrocknete Aprikosen
- 125 g Semmelbrösel
- 2 Scheiben luftgetrockneter Schinken
- 30 g Butter
- 100 g getrocknete Cranberrys
- 2 EL frische Petersilie
- 1 großes Ei, verquirlt
- Salz und Pfeffer
- Olivenöl

Sellerie, Zwiebel, Äpfel und Aprikosen würfeln und mit den Semmelbröseln vermischen. Fettrand vom Schinken abschneiden und in einer Pfanne bei mittlerer Hitze auslassen. Butter zugeben. Sellerie und Zwiebel darin weich dünsten. Vom Herd nehmen, die restlichen Zutaten mit dem verquirlten Ei untermischen und abschmecken. Backofen auf 150 °C vorheizen. Die Pute mit der Masse füllen und die Bauchhöhle mit Küchenzwirn schließen. In einen eingefetteten Bräter legen und mit Olivenöl bestreichen. Im Ofen 4 Stunden gar werden lassen, regelmäßig begießen!

Tipp

Bereiten Sie aus dem Bratensaft eine Rotweinsauce. Dafür den Bratensatz im Bräter ablöschen und auf mittlerer Stufe einige Minuten unter Rühren erhitzen, bis der Bratensaft karamellisiert. Etwas Butter zugeben und mit Rot- oder Portwein ablöschen. Die Sauce durch ein Sieb geben. Mit Kräutern Ihrer Wahl (Salbei, Schnittlauch oder Estragon) oder etwas Knoblauch aromatisieren.

Pute in Salzlake mit Trockenobstfüllung

Pute mexikanisch

mit Schokoladensauce

6–8 Portionen

1 ganze Pute
oder pro Portion 200 g gegartes Putenfleisch

Mexikanische Mole-Sauce

1 Vollkorn-Weizentortilla (oder Vollkorntoast)	1/2 TL Nelken
3 Tomaten	1/2 TL Zimt
2 Knoblauchzehen, gehackt	1 Prise Kurkuma
2 Schalotten, fein gewürfelt	1 Prise Kümmel
je 1 EL gehackte Kürbiskerne, Sonnenblumenkerne, Pekannüsse und Pistazien	1 Prise Salz
	500 ml Geflügelbrühe (siehe Tipp)
2 kleine rote Chilis, entkernt	500 ml Wasser
75 g Rosinen	4 EL natives Olivenöl extra
1/2 TL Koriandersamen	100 g Bitterschokolade (70 % Kakao)

Wenn Sie eine ganze Pute verwenden, dann das Fleisch aus der Pute auslösen, für die weitere Verarbeitung zur Seite legen und zunächst die Brühe für die Sauce zubereiten (siehe Hinweis unten).
Für die Mole-Sauce die Tortilla anrösten und in kleine Stücke schneiden. Tomaten einige Minuten in kochendes Wasser tauchen, dann abschrecken und schälen. Alle Zutaten außer Brühe, Wasser, Olivenöl und Schokolade im Mixer oder mit dem Pürierstab gut zerkleinern (bei Bedarf etwas Brühe zugießen). Die Mischung in einen Topf geben, Brühe, Wasser und Olivenöl zufügen und erhitzen. In Stückchen gebrochene oder geraspelte Schokolade zugeben und unter Rühren schmelzen lassen. 30 Minuten köcheln lassen. Die Sauce durch ein feines Sieb passieren. Abschmecken. Die gegarten Putenstücke mit der heißen Sauce auf einer Platte anrichten.

Variante:

Im mexikanischen Originalrezept gehören noch 10 getrocknete Ancho-Chilis zu der Sauce. Sie müssen mindestens 1 Stunde einweichen und werden dann mit den restlichen Zutaten im Mixer püriert, ggf. etwas Flüssigkeit für die richtige Saucenkonsistenz zugeben.

Hinweis

Für die Brühe die Karkasse, also die Knochen der Pute, in einen großen Topf geben, Wasser, ein Bouquet garni, einige Karottenscheiben, 1 Selleriestange und 2 Zwiebeln zufügen und 1 Stunde köcheln lassen. Das Fett abschöpfen, die Brühe durch ein Sieb geben und das Gemüse wegwerfen.

Pute mexikanisch
mit Schokoladensauce

Pute

mit Ananas und Cranberry-Reis

2 Portionen

50 g Wildreis	
50 g Basmatireis	
50 g Jasminreis	
1 TL Honig	
40 g getrocknete Cranberrys	
1 reife Ananas	
150 g Putenfleisch, gewürfelt	
Sesamöl	
1 kleine Knoblauchzehe, gehackt	
Mirin-Sauce (Asia-Laden) oder Weißwein	
Salz und frisch gemahlener Pfeffer	
Pflanzenöl	
Sojasauce	

Die drei Reissorten getrennt kochen, dabei mit dem Wildreis beginnen und bei einer der beiden weißen Reissorten den Honig und die Cranberrys mit in das Kochwasser geben. Ananas halbieren und aushöhlen. Das Fruchtfleisch der einen Hälfte würfeln, die andere Hälfte in dünne Scheiben schneiden und damit Fächer für das Ananasboot erstellen (siehe Foto). Putenfleisch in einer beschichteten Pfanne mit Sesamöl und Knoblauch braten. Mit etwas Mirin-Sauce beträufeln und die Ananaswürfel untermengen. Salzen und pfeffern. Die Mischung in eines der Fächer geben. Den gekochten Reis nach Wunsch mit etwas Öl beträufeln und jede Sorte in einem eigenen Fach anrichten. Sofort mit Sojasauce servieren.

Tipp
Eine der drei Reissorten kann für dieses Gericht auch durch gebratenes Gemüse ersetzt werden.

Hinweis
Mirin-Sauce ist ein süßlicher bernsteinfarbener Sake, der zum Kochen verwendet wird. Die Sauce wird meist am Ende der Garzeit zugegeben, um den Geschmack des Gerichts zu intensivieren und ihm eine feine Note zu verleihen. Die sirupartige Konsistenz sorgt zudem für appetitlichen Glanz.

Pute mit Ananas und Cranberry-Reis

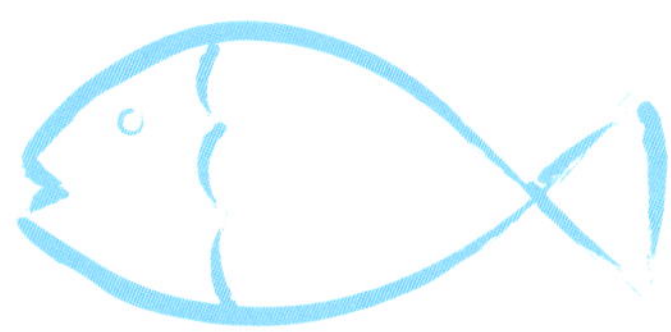

Fisch und Meeresfrüchte

Lachsfilet

neumexikanische Art

pro Portion

1 Lachsfilet (250–300 g)

Marinade

3 EL Tomatenmark
4 EL natives Olivenöl extra
1 TL Chilipaste oder Tabasco
2 EL frisch gehackter Koriander
1 Knoblauchzehe, gehackt
1/4 TL Kurkuma
frisch gemahlener schwarzer Pfeffer

Alle Zutaten für die Marinade miteinander verrühren. Das Lachsfilet abspülen, trocken tupfen und 1 bis 2 Stunden in der Marinade ziehen lassen. In einer beschichteten Grillpfanne auf jeder Seite 4 Minuten bzw. nach Wunsch braten. Mit Blattsalat, Maiskolben und Ofenkartoffeln servieren.

Tipp
Für die Marinade kann jedes Chiliprodukt verwendet werden, das im Handel erhältlich ist. Aber aufpassen bei der Dosierung!

Teriyaki-Lachsfilet

mit Feigensauce

2 Portionen

1 Lachsfilet (500 g)

Teriyaki-Marinade

1 kleine Knoblauchzehe, zerdrückt
1 TL fein gehackter Ingwer
125 ml Sojasauce
125 ml Mirin-Sauce (Asia-Laden)
2 EL chinesischer Kochwein oder Sake
1 EL Sesamöl
1 EL flüssiger Honig

Lachsfilet in breite Streifen schneiden und in eine flache Schale legen. Alle Marinadenzutaten verrühren und über das Filet geben. Im Kühlschrank unter zweimaligem Wenden 30 bis 60 Minuten marinieren. In einer beschichteten Grillpfanne auf jeder Seite 4 Minuten braten. Mit Asia-Nudeln oder Jasminreis und einem Salat aus jungem Spinat oder gebratenem Gemüse (Pak-Choi, Brokkoli, Zuckerschoten, Paprika) servieren.

Lachsfilet
neumexikanische Art

Lachssteak
mit Korianderpesto

4 Portionen

4 Lachssteaks

Korianderpesto

2 Teile frischer Koriander
1 Teil frische Petersilie
1 kleine Knoblauchzehe
Saft von 1/2 Zitrone
2 EL geriebener Parmesankäse
2–3 EL Walnüsse
Salz und frisch gemahlener Pfeffer
1 Prise Kurkuma (optional)
125 ml Olivenöl

Beilage

schwarze Nudeln
Olivenöl
Zitronenschale
Knoblauch, gehackt

Alle Pestozutaten – das Öl nach und nach zugeben – im Mixer zu einer glatten Paste verarbeiten. In eine kleine Schale geben und mit Frischhaltefolie abdecken. Backofen auf 175 °C vorheizen. Die Lachssteaks in einer mit Backpapier ausgelegten Auflaufform nach Geschmack 15 Minuten oder kürzer (mindestens 3 Minuten pro Zentimeter Dicke) backen. Zur Garprobe prüfen, ob sich das Steak mit einer Gabel leicht in Stücke ziehen lässt. Würzen.
Während der Fisch im Ofen ist, Wasser zum Kochen bringen und die Nudeln darin mit Salz gemäß Packungsanweisung garen. Abgießen und mit etwas Olivenöl, Zitronenschale und Knoblauch vermengen. Zum Lachs servieren. Den Korianderpesto über den Fisch geben oder getrennt reichen. Heiß oder zimmerwarm servieren.

Tipp
Die Walnüsse können durch Pinienkerne ersetzt werden. Luftdicht verschlossen hält sich der Pesto im Kühlschrank einige Tage.

Lachssteak
mit Röstgemüse

2 Portionen

1 Fenchelknolle, in Scheiben geschnitten
8 kleine rote Zwiebeln, halbiert
8 Kirschtomaten
2 Lachssteaks

Marinade

2 Knoblauchzehen, gehackt
1/2 EL Balsamico-Essig
2 EL Olivenöl
1 EL Zitronensaft
1 EL Honig

Alle Marinadenzutaten in einer Schüssel verrühren. Fenchel, Zwiebeln und Tomaten hineingeben und gut mischen (bei Bedarf noch etwas Öl zufügen). 30 bis 60 Minuten ziehen lassen. Backofen auf 220 °C vorheizen. Das Gemüse nebeneinander auf ein mit Backpapier ausgelegtes Blech oder in eine Auflaufform legen und 10 Minuten im Ofen rösten. Die Lachssteaks dazulegen und weitere 10 bis 15 Minuten – nach Geschmack – im Ofen garen.
Die fertigen Lachssteaks auf dem Röstgemüse anrichten und mit einem Kräuterrisotto und einem Beilagensalat servieren.

Lachssteak mit Korianderpesto

Forellenfilet

in Leinsamenpanade

pro Portion

1 Forellenfilet (150 g)
Salz und frisch gemahlener Pfeffer
Olivenöl

Panade

1 TL gemahlener Leinsamen
3–4 EL Fischgewürzmischung
1/2 TL Kamut- oder Vollkornweizenmehl
1/2 TL Sojalecithin-Granulat

Alle Zutaten für die Panade in einer Schüssel mischen und auf einen Teller geben. Das Forellenfilet salzen, pfeffern und in der Panade wenden. Olivenöl in eine Pfanne geben und das Filet darin bei starker Hitze auf jeder Seite 3 Minuten braten. Dazu einen grünen Salat mit einer Vinaigrette oder ein gebratenes bzw. leicht gedämpftes Kreuzblütlergemüse (z. B. Brokkoli, Kohl) servieren.

Tipp

Fischgewürzmischung besteht aus Knoblauch, Kräutern und Salz – und lässt sich ohne Weiteres selber machen, mit getrockneten Kräuter Ihrer Wahl und etwas frischem Knoblauch.

Mediterranes Forellenfilet

pro Portion

1 Forellenfilet (150 g)
1 Flaschentomate, entkernt
1 Frühlingszwiebel
1 TL schwarze Oliven, entsteint
1/2 TL frisch gehackter Thymian
1 EL Olivenöl
Salz und frisch gemahlener Pfeffer

Forellenfilet abspülen und trocken tupfen. Tomate, Frühlingszwiebel und Oliven klein schneiden und zusammen mit dem Thymian bei mittlerer Hitze in Olivenöl 1 Minute angehen lassen. Würzen. Das Filet im Backofen bei 175 °C je nach Größe 15 Minuten oder länger backen. Einige Minuten vor Ende der Backzeit die Tomatenmischung auf das Filet geben. Zum Fisch Pasta reichen, beträufelt mit Olivenöl, das durch gebratenen Knoblauch aromatisiert wurde, und bestreut mit Parmigiano Reggiano, dem echten Parmesankäse.

Forellenfilet in Leinsamenpanade

Jakobsmuscheln

mit Paprikasauce

pro Portion

- 1/2 rote Paprika
- natives Olivenöl extra
- Sake oder Mirin-Sauce (Asia-Laden)
- 4–6 Jakobsmuscheln
- Erdnussöl
- Knoblauch (optional)

Paprika im Backofen unter dem Grill rösten, dann häuten. Im Mixer mit etwas Olivenöl und Sake oder Mirin-Sauce (süßer) zu einer glatten Sauce verarbeiten.
Die Jakobsmuscheln 1 Stunde an der Luft trocknen lassen, dann bei starker Hitze in Erdnussöl auf jeder Seite maximal 2 Minuten braten (das Öl nach Wunsch mit fein gehacktem Knoblauch aromatisieren).
Mit der Paprikasauce anrichten. Dazu gedämpften Reis und blanchiertes oder gebratenes Gemüse (Chinakohl, Pak-Choi) reichen.

Gedämpfte Makrele

mit Paprikasauce

3–4 Portionen

- Sternanis
- 1 EL Orangensaft
- Raps- oder Traubenkernöl
- Sesamöl (optional)
- 1 mittelgroße Makrele
- Salz und frisch gemahlener Pfeffer
- Orangenscheiben
- Pak-Choi

Sternanis im Mörser oder in einer Kaffeemühle mahlen. In eine Schüssel geben und Orangensaft, etwas Rapsöl und einige Tropfen Sesamöl (nach Geschmack) unterrühren. Makrele in mehrere Stücke teilen, salzen und pfeffern. Einen Bambus- oder Metalldämpfer über einen Topf mit kochendem Wasser setzen. Orangenscheiben hineinlegen, die Gewürzmischung darübergeben und die Fischstücke mit der Fleischseite nach unten darauflegen. 4 bis 5 Minuten dämpfen, bis sich der Fisch mit einer Gabel leicht in Stücke ziehen lässt. Pak-Choi nach der Hälfte der Garzeit in einem zweiten Dämpfeinsatz unter den Fisch setzen und mitdämpfen – oder getrennt im Wok braten.

Tipp

Sie können den Fisch mit (Blut-)Orangenscheiben garnieren – das verleiht dem Gericht optisch eine raffinierte Note.
Eine andere Variante, den Fisch zuzubereiten: Die Haut der Makrele einschneiden und die Gewürzmischung in die Schnitte platzieren.

Jakobsmuscheln mit Paprikasauce

Chinakohl-Bratling
(Okonomi Yaki)

pro Portion

- 50 g Chinakohl, gehackt
- 1 Eigelb
- 2 EL Mehl
- 2 TL Tomatensauce
- 1 EL getrocknete Garnelen
- Erdnussöl

Bis auf das Öl alle Zutaten im Mixer oder mit dem Pürierstab zu einer Masse verarbeiten. Zu einem Bratling formen und in etwas Öl auf jeder Seite 2 Minuten goldbraun braten. Heiß mit Reisnudeln servieren.

Japanische Garnelen
im Teigmantel

pro Portion

- 7 Garnelen

Teigmantel

- 1 Eiweiß, verquirlt
- 1 EL Tapiokamehl
- 1 Prise Salz
- Erdnuss- oder Rapsöl

Eiweiß, Tapiokamehl und Salz verrühren. Garnelen in den Teig tauchen und in heißem Öl ausbacken. Auf Küchenpapier abtropfen lassen. Dazu Pak-Choi, mit etwas Ingwer und Knoblauch gebraten, servieren.

Tipp

Die Garnelen können auch in küchenfertigen Tempurateig (Asia-Laden) getaucht werden.

Miesmuscheln
mit Rotwein

pro Portion

- 12 Miesmuscheln
- 1 Schalotte, gehackt
- 1 EL Olivenöl
- 4 EL Rotwein
- Salz und frisch gemahlener Pfeffer
- 3 EL Tomatensauce
- 3 EL gewürfelte Tomaten
- 2 EL frisch gehackte Petersilie
- 1 Prise Kurkuma (optional)

Muscheln unter fließendem Wasser abbürsten. Kaputte und geöffnete Exemplare aussortieren. In einem Suppentopf die Schalotte in Olivenöl anbraten. Wein und Muscheln zugeben und gut umrühren. Mit Salz und Pfeffer würzen. Abgedeckt bei starker Hitze kochen lassen, bis alle Muscheln geöffnet sind. Tomatensauce, Tomatenwürfel und Petersilie zugeben. Abschmecken und servieren.

Tipp

Ein üppiger Hülsenfrüchtesalat passt sehr gut zu diesem Gericht. Oder reichen Sie, wenn Sie es sich erlauben können, Pommes frites aus Yams (ein aus Südamerika stammendes, kartoffelähnliches längliches Wurzelgemüse) oder Süßkartoffeln dazu. Yams haben übrigens einen niedrigen glykämischen Index (unter 50 %).

Chinakohl-Bratling (Okonomi Yaki)

Knusprige Vermicelli

mit Garnelen

pro Portion

- 50 g Blumenkohlröschen
- Kurkuma
- frisch gemahlener schwarzer Pfeffer
- 50 g Chinakohl
- Pflanzenöl
- 8 mittelgroße Garnelen, ausgelöst
- 1 Knoblauchzehe, gehackt
- Reiswein oder Sherry
- Sojasauce
- Mirin-Sauce (Asia-Laden; optional)
- Erdnussöl
- Reis-Vermicelli (Fadennudeln)

Blumenkohl in kochendes Kurkumawasser geben (pro Liter Wasser 1 Esslöffel Kurkuma und 1 Prise schwarzen Pfeffer) und maximal 4 bis 5 Minuten kochen – die Röschen müssen knackig bleiben. Chinakohlblätter säubern und in Streifen schneiden. In einem Wok etwas Öl erhitzen. Chinakohl, Garnelen und Knoblauch darin ein paar Minuten anbraten. Mit einem Schuss Reiswein und Sojasauce ablöschen. Den Blumenkohl zufügen. Nach Wunsch leicht mit Mirin-Sauce süßen. Abschmecken und beiseitestellen. In einer Pfanne oder Fritteuse ausreichend Erdnussöl erhitzen und die Vermicelli darin einige Minuten knusprig frittieren. Das heiße Garnelen-Gemüse auf den Nudeln anrichten und sofort servieren.

Tipp

Reis-Vermicelli sind sehr dünn und leicht zerbrechlich. Wer sie nicht frittieren möchte, kann die Nudeln auch einweichen und dann 1 bis 3 Minuten in kochendem Wasser garen. Alternativ Soja- oder Mungobohnennudeln verwenden. Da diese beim 5-minütigen Einweichen in heißem Wasser durchsichtig werden, heißen sie auch „Glasnudeln".

Hinweis

Mirin-Sauce ist ein wichtiger Bestandteil japanischer Gerichte, wie z. B. Teriyaki oder Sukiyaki (chinesisches Fondue). Die leicht süßliche Würzsauce, die verschiedensten Speisen ein feines Aroma und appetitlichen Glanz verleiht, wird u. a. aus Essig und fermentiertem Reis hergestellt. Sie ist in Asia- und Bio-Läden sowie in der Spezialitätenabteilung gut sortierter Supermärkte erhältlich.

Knusprige Vermicelli mit Garnelen

Orientalischer Gewürzreis

mit Garnelen

2–4 Portionen

200 g Basmatireis
375 ml Wasser
1 Lorbeerblatt
12–24 mittelgroße Garnelen
2 Knoblauchzehen, fein gehackt
4 EL Olivenöl
1 große Gemüsezwiebel
12 Kirschtomaten, geviertelt
1 EL frisch gehackte Petersilie
1 TL frisch gehackter Koriander
1 TL Kurkuma
Baharat-Gewürzmischung (siehe Tipp)
Salz und Pfeffer mit 1 Prise Kurkuma
grüner Salat als Beilage

Reis unter kaltem Wasser waschen. Wasser, Lorbeer und 1 Prise Salz zum Kochen bringen. Den Reis hineingeben und abgedeckt bei schwacher Hitze garen. Garnelen mit Knoblauch in einer beschichteten Pfanne in etwas Olivenöl braten. Herausnehmen und beiseitestellen.

Zwiebel in dünne Spalten schneiden und in Olivenöl glasig dünsten. Tomatenviertel und Kräuter untermischen. Kurkuma und Baharat darüberstreuen und 1 Minute anschwitzen. Den gekochten Reis und noch etwas Olivenöl zugeben. Gut mischen und abschmecken.

Den Gewürzreis auf Teller geben und die Garnelen darauf anrichten. Mit einem grünen Salat servieren.

Tipp

Baharat ist eine Gewürzmischung, die in den Ländern rund um den Persischen Golf zu Hause ist und entdeckt zu werden lohnt. Sie kann im Vorhinein zubereitet und in einem luftdichten Behälter an einem dunklen Ort aufbewahrt werden. Verwenden Sie für dieses Rezept zunächst höchstens die Hälfte der Mischung, um sich an den würzig-scharfen Geschmack zu gewöhnen: 1 TL Koriandersamen, 2 TL edelsüßer Paprika, 1 TL weißer Pfeffer, 1 TL schwarzer Pfeffer, 1 TL Nelken, 1½ TL Kreuzkümmel, ½ TL Kardamom und ½ TL Muskat. Den Koriander zur Geschmacksintensivierung anrösten, dann mit den restlichen Gewürzen im Mörser zu einem Pulver zerstoßen.

Orientalischer Gewürzreis
mit Garnelen

Maki-Sushi

mit Rotbarsch und Avocado

2–4 Portionen

- 175 g Sushi-Reis
- 2 TL Reisessig
- 1 Prise Meersalz
- Honig oder Fruchtzucker
- Nori-Blätter (Seetang; Asia-Laden)
- 100 g rohes Rotbarschfilet
- 1/2 Avocado, in Stifte geschnitten
- Karotte, in dünne Stifte geschnitten
- Gurke, in dünne Stifte geschnitten

Wasabi-Sauce

- Wasabi-Pulver (Asia-Laden)
- Raps- oder Traubenkernöl
- Kurkuma und schwarzer Pfeffer
- Honig

Hinweis

Wasabi ist eine wichtige Zutat der japanischen Küche. Dieser grüne Meerrettich ist meist als Pulver erhältlich, da er frisch nicht gut haltbar ist. Für eine Paste rührt man das Wasabi-Pulver zu gleichen Teilen mit warmem Wasser an.

Zubereitung des Sushi-Reises:

Reis unter kaltem Wasser waschen, dann mit 300 ml Wasser zum Kochen bringen und 15 bis 20 Minuten weich kochen. Mit kaltem Wasser abspülen, in eine Salatschale geben und beiseite stellen. Reisessig, Salz und etwas Honig in einem kleinen Topf kurz aufkochen.
Über den Reis geben und mit viel Luft untermischen, damit sich das Aroma voll entfalten kann. Der Sushi-Reis hält sich im Kühlschrank ein paar Tage.

Für die Wasabi-Sauce alle Zutaten mit einem Schneebesen gut verrühren. Getrennt in einer kleinen Schale oder als Saucenspiegel auf dem Teller servieren.

Zubereitung der Maki-Sushi:

Ein Nori-Blatt mit der glänzenden Seite nach unten auf die Bambus-Rollmatte legen. Mit Wasabi (angerührt mit etwas Wasser, Pfeffer und Kurkuma) oder mit Wasabi-Sauce (siehe obiges Rezept) bestreichen. Eine 0,5 cm dicke Sushi-Reisschicht daraufgeben, dabei am hinteren Rand 2 cm frei lassen. Den in feinste Streifchen geschnittenen Fisch und die Gemüsestifte auf die Mitte des Reises legen. Dann das Nori-Blatt mithilfe der Bambusmatte fest von vorne nach hinten aufrollen.
Die Sushi-Rolle mit einem scharfen Messer in Stücke schneiden und mit Wasabi-Paste oder -Sauce servieren.

Nigiri-Sushi

mit Jakobsmuscheln und Garnelen

2–4 Portionen

- Sushi-Reis (siehe Rezept oben)
- rohe Jakobsmuscheln
- gekochte Garnelen

Jakobsmuscheln in dünne Streifen schneiden, die Garnelen längs aufschneiden und aufklappen. Einen Muschelstreifen bzw. eine Garnele auf einen Finger legen und mit der anderen Hand eine kleine Reiskugel daraufdrücken, bis sie haftet. Länglich formen und auf eine Platte setzen. Die Sushis können einige Stunden im Voraus zubereitet werden, müssen aber abgedeckt im Kühlschrank aufbewahrt und so bald wie möglich verzehrt werden.

Nigiri-Sushi mit Jakobsmuscheln und Garnelen
Maki-Sushi mit Rotbarsch und Avocado
unagi
ebi
maki

Haifischspieße

pro Portion

- 100 g Haifischfilet, gewürfelt
- Kirschtomaten
- Champignons, halbiert
- Olivenöl oder geklärte Butter

Marinade

- Saft von 1/2 Limette
- 1 Schalotte, fein gehackt
- 1 kleine rote Zwiebel, fein gehackt
- 1 Prise Curry
- 1 Prise Kreuzkümmel
- frischer Ingwer, gehackt (nach Geschmack)
- Salz und Pfeffer mit 1 Prise Kurkuma

Alle Zutaten für die Marinade miteinander vermengen und den Fisch darin 30 bis 60 Minuten ziehen lassen (der Fisch wird dabei gelb). Abwechselnd die Fischwürfel, Tomaten und Champignons auf Spieße stecken. In einer beschichteten Grillpfanne 4 Minuten unter Wenden braten, dabei mit Olivenöl oder Butter bestreichen. Mit einem Salat und Basmatireis servieren.

Hinweis

Diese Spieße lassen sich mit jedem festfleischigen weißen Fischfilet zubereiten. Schwarzer Pfeffer verstärkt die positive Wirkung von Kurkuma.

Meerbarbe

mit Koriander und Zitrusfrüchten

2 Portionen

- 1 mittelgroße Meerbarbe
- frischer Koriander
- Petersilie
- 1/2 Grapefruit oder Blutorange, filetiert
- 1 kleine weiße Rübe, klein geschnitten
- 1 Porree, klein geschnitten
- 2 Frühlingszwiebeln, klein geschnitten
- 1 kleine Zwiebel, klein geschnitten
- 125 ml Ananassaft
- Senfkörner
- Salz und frisch gemahlener Pfeffer
- natives Olivenöl extra

Backofen auf 180 °C vorheizen. Die ausgenommene, geschuppte Barbe in eine ovale Auflaufform legen und mit Kräutern und Zitrusfruchtfilets füllen. Das Gemüse um den Fisch legen. Mit Ananassaft begießen, mit Senfkörnern bestreuen und nach Geschmack salzen und pfeffern. Im Ofen gar backen, dabei ab und zu mit der Sauce übergießen. Das fertige Gemüse auf eine Platte geben, den Fisch danebenlegen und abgedeckt warm halten. Den Fischfond in einen Topf gießen, etwas Olivenöl zufügen und bei mittlerer Hitze einkochen lassen. Abschmecken. Kurz vor dem Servieren die Sauce über den Fisch gießen und etwas Olivenöl oder ein Stückchen Butter auf das Gemüse geben.

Tipp

Zu diesem Gericht Jasminreis reichen. Wenn Sie den Fisch kalt servieren möchten, sollten Sie die Haut entfernen, solange die Barbe noch heiß ist, da die Haut beim Erkalten klebrig wird. Nach Wunsch den Ananassaft durch Orangensaft ersetzen und zum Garen Orangenscheiben auf den Fisch legen. Für eine weniger süßliche Variante den Fisch mit Rotwein angießen. Die Meerbarbe kann durch Meerbrasse ersetzt werden.

Haifischspiesse

Nudelbündel
mit Fisch und Meeresfrüchten

pro Portion

- 1 l Kurkuma-Frittieröl (siehe rechts)
- Makrele, Garnelen, Jakobsmuscheln
- sehr dünne japanische Nudeln (Tomoshiraga)
- 1 Nori-Blatt (Seetang), in Streifen geschnitten

Marinade

- 1 TL Ahornsirup
- 1 EL helle Sojasauce
- Ingwer, gehackt (optional)
- einige Tropfen Sesamöl

Sauce

- 1 EL helle Sojasauce
- 1 TL Honig
- etwas Knoblauch oder Chili, gehackt (optional)
- 1/4 TL frisch geriebener Ingwer
- einige Tropfen Sesamöl

Frittieröl mit 1 Esslöffel Kurkuma und 1 Prise schwarzem Pfeffer aromatisieren, gut verrühren (das Öl ändert dabei schnell seine Farbe). Die Zutaten für die Marinade zum Kochen bringen und glatt rühren, die Zutaten für die Sauce ebenfalls miteinander vermengen.
Makrelenstücke mit der Marinade bestreichen und in einer Pfanne oder unter dem Backofengrill nach Wunsch garen (2 bis 3 Minuten).
Jeweils einige Nudeln mit einer Garnele oder einem Jakobsmuschelstreifen in der Mitte zu einem Bündel zusammenstellen und mit einem befeuchteten Nori-Streifen „zusammenkleben" (siehe Foto).
Das Bündel im Kurkumaöl einige Minuten goldbraun ausbacken. Auf Küchenpapier abtropfen lassen und mit der Sauce und den Makrelenstücken servieren.

Sardinen
mediterran

pro Portion

- 1 Knoblauchzehe, fein geschnitten
- frische, ausgenommene Sardinen
- Basilikum
- Salz und Pfeffer
- natives Olivenöl extra
- Tomate, gewürfelt
- schwarze Oliven, in Scheiben geschnitten
- Fetakäse, gewürfelt
- Rübstiel

Backofen auf 200 °C vorheizen. Knoblauch in einer Pfanne oder im Ofen ohne Fett anrösten (siehe Tipp). Sardinen mit Basilikum füllen, salzen und pfeffern und mit Olivenöl bestreichen. Im Ofen backen, bis sich das Fleisch mit einer Gabel leicht in Stücke ziehen lässt.
Tomate, Oliven, Feta und etwas Olivenöl in einer Salatschüssel mischen. Harte Enden vom Rübstiel entfernen, den Rest blanchieren, abschrecken, mit etwas Olivenöl beträufeln und mit dem gerösteten Knoblauch bestreuen. Die Sardinen, den Salat und das Gemüse auf Tellern anrichten. Dazu mit Kurkuma gewürzten Reis oder in Olivenöl geschwenkte Spinatnudeln reichen.

Hinweis

Alternativ kann man den Rübstiel auch mit etwas Knoblauch und Olivenöl in einer Pfanne braten.

Nudelbündel mit Fisch
und Meeresfrüchten

Gegrillte Thunfischsteaks

mit Salsa

2 Portionen

- 2 Thunfischsteaks (175 g)
- 1 TL Kümmelsamen
- 1 Prise getrocknete Chiliflocken
- Saft und Schale einer Limette
- Salz und frisch gemahlener Pfeffer

Salsa

- 1 kleine Perlzwiebel, fein gehackt
- 10–12 Kirschtomaten, geviertelt
- 1 rote Paprika, gewürfelt
- 1 Selleriestange, gewürfelt
- 2 EL frisch gehackter Koriander
- 2 EL frisch gehackte Minze
- 1 EL Zitronensaft
- 2 EL natives Olivenöl extra
- Mirin-Sauce (Asia-Laden)
- 1/2 TL Honig
- Limettenscheiben (optional)

Fischsteaks waschen, mit Küchenpapier trocken tupfen und in eine Glas-, Edelstahl- oder Porzellanschale legen. Kümmel anrösten und mit Chiliflocken, Limettenschale, Salz und Pfeffer im Mörser zerstoßen. Die Steaks mit etwas Olivenöl bestreichen, die Gewürzmischung daraufgeben und gut andrücken. 30 Minuten ziehen lassen.

Für die Salsa alle Zutaten in eine Schale geben, gründlich umrühren und abschmecken. Beiseitestellen.

Den Thunfisch in einer beschichteten Grillpfanne auf jeder Seite 2 Minuten (oder nach Wunsch länger) braten. Mit Limettensaft beträufeln. Mit der Salsa und mit Limettenscheiben garniert servieren. Dazu einen grünen Salat und Tortillas reichen.

Fischrouladen

mit Mandeln und Steinpilzen

pro Portion

- 1 kleines Fischfilet (Meerbarbe, Zander, Kabeljau oder Scholle)

Füllung

- 1/2 Zwiebel, gehackt
- 3 EL gehackte Tamarinden-Mandeln (siehe Tipp)
- 3 EL getrocknete Steinpilze, gehackt
- 3 EL Sahne
- Salz und Pfeffer

Für die Füllung Zwiebel, Mandeln, Steinpilze und Sahne in eine Schüssel geben und gut mischen. Die Fischfilets zwischen Frischhaltefolie mit einem Nudelholz flach klopfen. Würzen, mit der Füllung bestreichen und vorsichtig aufrollen. In beschichtete oder mit Öl eingestrichene Muffinformen setzen. Im Backofen bei 175 °C je nach Größe der Filets etwa 15 Minuten gar backen. Die Rouladen mit Gemüsereis oder mit Reisnudeln und gedämpftem Gemüse servieren.

Tipp

Um die Tamarinden-Mandeln herzustellen, Mandeln ohne Fett anrösten und mit Tamarinden- (Asia-Laden) oder Sojasauce bestreichen. Danach abkühlen lassen und hacken.

Die Steinpilze können auch durch andere getrocknete Waldpilze ersetzt werden.

Gegrillte Thunfischsteaks mit Salsa

Gegrillte Tintenfischringe

mit grüner Sauce

pro Portion

- 2 Tintenfisch-Tuben (küchenfertig)
- 1 Knoblauchzehe, zerdrückt
- Olivenöl
- 1/2 TL frisch gehackter Oregano
- 1/2 TL frisch gehackte Petersilie
- Zitronenspalten

Grüne Sauce

- 1 Sardellenfilet
- 1/2 TL gemahlener Leinsamen (optional)
- 1 TL Kapern
- frische Petersilie
- Basilikum
- Minze
- weißer Balsamico-Essig
- Oliven- oder Traubenkernöl
- Dijon-Senf
- Salz und frisch gemahlener Pfeffer

Alle Saucenzutaten – das Öl nach und nach zugeben – in einem Mixer zu einer glatten Sauce verarbeiten. Mit Senf, Salz und Pfeffer abschmecken.
Tintenfische in Ringe schneiden. Zusammen mit dem Knoblauch auf beiden Seiten in Öl braten und mit Kräutern, Salz und Pfeffer würzen. Mit Zitronenspalten garniert servieren. Dazu die grüne Sauce reichen.

Tipp

Eine besonders gute Beilage wäre ein Spinatsalat und Ofenkartoffeln oder gegrilltes Gemüse.

Seeteufel-Spieße

mit Ananas

pro Portion

- 100 g Seeteufelfilet, gewürfelt
- 9 Würfel einer frischen Ananas
- 3 Frühlingszwiebeln

Marinade

- 3 Teile Traubenkernöl
- 1 Teil Sesamöl
- 3 EL Ananassaft
- 1 TL Zitronen- oder Limettenschale
- je 1 Prise Kurkuma und schwarzer Pfeffer
- 1/4 TL gehackter Ingwer (optional)
- 1/4 TL gehackter Knoblauch (optional)

Für die Ananaswürfel die Ananas oben und unten abschneiden, den Strunk entfernen, die Frucht halbieren, schälen und in 3 cm große Würfel schneiden. Für die Marinade alle Zutaten miteinander verrühren und die Fischwürfel darin 30 bis 60 Minuten ziehen lassen. Fisch, Ananas und Frühlingszwiebeln (siehe Bild) abwechselnd auf Spieße stecken.
In einer beschichteten Grillpfanne unter mehrmaligem Wenden 4 Minuten braten.
Mit einem grünen Salat und gebratenen Shiitake-Pilzen oder Basmatireis servieren.

Tipp

Für dieses Rezept eignen sich alle festfleischigen weißen Fischsorten.

Gegrillte Tintenfischringe mit grüner Sauce

Meeresfrüchte
mit Orzo

2 Portionen

- 150 g Orzo (reisförmige Pasta)
- 1 Knoblauchzehe
- Olivenöl
- 6 mittelgroße Jakobsmuscheln
- 4 Garnelen
- 125 g Tomatenstücke (mit Saft)
- frischer Thymian, Oregano, Basilikum
- Salz und Pfeffer mit 1 Prise Kurkuma
- 1 EL geriebener Parmesankäse

Orzo nach Packungsanweisung kochen und abgießen, aber nicht abspülen. Knoblauch fein hacken und in Olivenöl anbraten. Jakobsmuscheln und Garnelen zufügen und bei mittlerer Hitze braten. Tomaten und Kräuter zugeben und einkochen lassen. Abschmecken. Parmesan reiben und mit den Nudeln zur Tomatensauce geben. Gut umrühren und servieren.

Hinweis
Parmesankäse wird aus Kuhmilch hergestellt und darf sich nur „Parmigiano Reggiano" nennen, wenn er aus der Region Parma stammt.

Geschmorte Makrelen
mit Tomaten und Basilikum

pro Portion

- 1 kleine Makrele (150 g)
- Olivenöl
- Salz und frisch gemahlener Pfeffer
- frisches Basilikum, in Streifen geschnitten
- 3 kleine rote Zwiebeln, in Spalten geschnitten
- 8–10 Kirschtomaten, geviertelt
- 4 EL Gemüsebrühe
- 4 EL Rotwein (optional)
- 1 Portion grüner Spargel
- Zitronenspalten (optional)

Backofen auf 180 °C vorheizen. Den gesäuberten Fisch in eine mit Öl ausgestrichene Auflaufform geben. Die Bauchhöhle salzen und pfeffern, mit Basilikum, Zwiebeln und Kirschtomaten füllen (nicht zu voll, da der Fisch beim Schmoren schrumpft) und mit Olivenöl beträufeln. Gemüsebrühe und Rotwein angießen (wenn Sie keinen Wein verwenden, die Menge der Brühe verdoppeln). Im Ofen gar backen, dabei ab und zu mit der Sauce begießen. Unterdessen den Spargel dämpfen, abgießen und beiseite stellen.
Die geschmorte Makrele mit ihrem Bratensaft beträufelt servieren. Dazu den Spargel und die restlichen Kirschtomaten servieren.

Meeresfrüchte
mit Orzo

Fleisch

Schweinefiletspieße

mit Sataysauce

4 Portionen

225 g Schweinefilet

Marinade

1 TL frisch geriebener Ingwer
1 TL fein gehacktes Zitronengras
3 Knoblauchzehen, fein gehackt
1 EL Tomatenmark
1/2 TL gemahlener Kreuzkümmel
1/2 TL Kurkuma
1 Prise gemahlener schwarzer Pfeffer
3 EL Kokoscreme
1 EL Fischsauce (optional; Asia-Laden)
1 TL Honig
Erdnussöl

Tipp
Das Zitronengras kann durch eine geringere Menge Zitronenschale ersetzt werden.

Sataysauce

125 ml Kokosmilch
1/2 TL Tomatenmark
1 EL Erdnussbutter
4 EL Hühnerbrühe
2 EL Honig
2 EL Soja- oder Tamarindensauce
1/2 EL Fischsauce (Asia-Laden)
je 1/2 Prise Pfeffer und Kurkuma

Schweinefilet in kleine Würfel schneiden, mit einer Gabel einstechen und auf Bambusspieße (Spieße vorher etwas nässen) stecken. Alle Marinadenzutaten in einer flachen Schale verrühren und das Fleisch darin 2 bis 4 Stunden marinieren.
Für die Sataysauce die Kokosmilch auf mittlerer Stufe erhitzen. Die übrigen Zutaten unterrühren und 5 Minuten köcheln lassen. Die Spieße dünn mit Öl bestreichen oder besprühen und im vorgeheizten Ofen bei 200 °C unter mehrmaligem Wenden 10 Minuten braun backen. Mit der Sataysauce, Fadennudeln oder Reis und einer Mango-Rübchen-Salsa servieren.

Kohlrouladen

europäische Art

2 Portionen

Kohlblätter
2 Wacholderbeeren
1 Prise Senfkörner
1 Prise Koriandersamen
Meersalz

Füllung

150 g Kalbshackfleisch
1 Prise Rosenpaprika
1 Prise Muskat
1 Prise Oregano
1 Prise gemahlene Nelken
1 Prise gemahlener Pfeffer
1 kleine Handvoll Pilze (Pfifferlinge, Austernpilze), gehackt
1 Schalotte, fein gehackt
Butter oder Rapsöl
1 Ei, verquirlt
250 ml Hühner- oder Gemüsebrühe

Kohlblätter vorsichtig abtrennen. Wasser mit Wacholderbeeren, Senfkörnern, Koriander und Meersalz zum Kochen bringen. Die Kohlblätter darin 5 bis 8 Minuten weich blanchieren. Für die Füllung das Hackfleisch mit den Gewürzen vermengen. Pilze und Schalotte in Butter oder Öl andünsten. Das Fleisch zugeben und bei mittlerer Hitze braten. Ei zufügen und gut untermischen. Die Masse auf die Kohlblätter geben, zu Rouladen aufrollen und ggf. zusammenbinden.
Die Rouladen in eine eingefettete Auflaufform legen, die Brühe angießen und im Ofen bei 175 °C 3 bis 5 Minuten backen. Mit der Brühe übergossen servieren.

Schweinefiletspiesse mit Sataysauce

Wildfilet
mit Cranberry-Tuiles

2 Portionen

- 125 g Wildfilet, in Scheiben geschnitten
- 1 Porreestange, in Ringe geschnitten
- Olivenöl
- 6–8 Topinambur, klein geschnitten
- Rosmarin, fein gehackt
- Blattspinat
- Piment d'Espelette oder Rosenpaprika
- Kurkuma
- Salz und schwarzer Pfeffer
- Buchweizenhonig

Cranberry-Tuiles

- 1 Eiweiß
- 40 g weiche Butter
- 40 g Dinkel-, Kamut- oder Weizenvollkornmehl
- 1 Handvoll getrocknete Cranberrys, gehackt
- 1 Handvoll schwarze Sesamkörner

Backofen auf 200 °C vorheizen. Für die Tuiles das Eiweiß steif schlagen, dann vorsichtig Butter, Mehl, Cranberrys und Sesam untermischen. Die Masse auf ein Backpapier streichen und im Ofen ca. 10 Minuten knusprig goldgelb backen. In Quadrate schneiden, die etwas größer als die Filetstücke sind.
Porreeringe in Öl anbraten. Topinambur dünsten oder im Ofen backen, dann mit dem Porree und Rosmarin mischen.
Spinat kurz in Öl andünsten, würzen und etwas Honig zugeben. Filetscheiben braten und Spinat, Tuiles sowie Fleisch abwechselnd übereinanderschichten. Mit dem Topinambur als Beilage servieren.

Wildrouladen
mit Ziegenkäse und Shiitake

pro Portion

- cremiger Ziegenkäse
- frischer Thymian, Oregano und Salbei
- 100 g Wildfilet
- Olivenöl
- 3 Shiitake-Pilze

Ziegenkäse mit den fein gehackt Kräutern vermischen. Das Filet längs aufschneiden, mit dem Kräuterkäse füllen, aufrollen und mit Küchenzwirn zusammenbinden. In in etwas Olivenöl oder Butter in der Pfanne braten, bis die Roulade gar ist. Die Pilze gegen Ende der Garzeit zugeben oder roh servieren. Dazu Wildreis, Cranberrys und für eine pikantere Note einen Rucolasalat reichen.

Hinweis

In der Natur wachsen Shiitake-Pilze unter Bäumen wie Eichen und Kastanien (shii bedeutet im Japanischen „Baum"), inzwischen stammen sie jedoch meist aus Pilzzuchten, wo sie auf Holzsubstrat gezüchtet werden. Der sehr aromatische Pilz ist reich an Vitamin D und B_2 und kann u. a. zu einer Senkung des Cholesterinspiegels beitragen.

Wildfilet mit
Cranberry-Tuiles

Kaninchenrücken

mit Guavensauce

2 Portionen

- 300 g Kaninchenrücken
- 1 Porree, längs halbiert
- Guavensaft
- getrocknete Steinpilze
- Traubenkernöl
- Sojasauce
- Mirin-Sauce (Asia-Laden)
- Salz und frisch gemahlener schwarzer Pfeffer
- 1 Prise Kurkuma

Kaninchenrücken in Stücke schneiden. Porreehälften in je 4 Stücke schneiden, mit Guavensaft beträufeln und unter dem Backofengrill 8 bis 10 Minuten weich grillen. Steinpilze einweichen. Fleisch in einem Schmortopf ein paar Minuten in Öl anbraten, dann Soja- und Mirin-Sauce zugeben. Bei mittelschwacher Hitze 10 bis 15 Minuten schmoren lassen. Gegen Ende der Garzeit die klein geschnittenen Pilze zugeben und 1 Minute mitkochen, dann das Fleisch herausnehmen und beiseitestellen. Guavensaft in den Topf gießen und das Ganze auf die gewünschte Saucenkonsistenz einkochen lassen. Abschmecken.
Als Beilage Sojabandnudeln 10 Minuten in kaltem Wasser einweichen, dann 1 bis 2 Minuten in kochendem Wasser garen. Mit dem Kaninchen und der Sauce servieren.

Hinweis
Guaven haben – ähnlich wie Tomaten – eine krebsvorbeugende Wirkung, die auf ihren nicht unerheblichen Lykopingehalt von 5,4 mg pro 100 g zurückzuführen ist.

Kaninchenkeule

mit Schokoladensauce

1 Portion

- 1 entbeinte Kaninchenkeule
- Olivenöl
- 2 Schalotten, fein gehackt
- 1 Knoblauchzehe, zerdrückt
- 4 EL Rotwein
- 125 ml Gemüsebrühe
- 1 Lorbeerblatt
- frische Petersilie, fein gehackt
- 50 g Bitterschokolade (70 % Kakao)
- 2 EL Honig

Kaninchenkeule in Olivenöl anbraten. Das überschüssige Fett aus der Pfanne gießen. Schalotten und Knoblauch zur Keule in die Pfanne geben und bei mittlerer Hitze anbraten. Mit Rotwein ablöschen und reduzieren. Gemüsebrühe, Lorbeer, Petersilie, Schokolade und Honig zugeben und gar schmoren lassen. Abschmecken und mit gedämpftem Gemüse servieren.

Kaninchenrücken mit Guavensauce

Chili con carne

4 Portionen

1 große Zwiebel, gewürfelt	1 Prise Zimt
1 Knoblauchzehe, gehackt	2 EL Rotwein (optional)
Olivenöl	1 Dose (800 ml) Tomatenstücke
450 g mageres Rinder- oder Kalbshackfleisch	6 getrocknete Tomaten, gewürfelt
1 TL Chilipulver (nach Geschmack) oder ½ kleine rote Chili, entkernt	1 EL Tomatenmark
¼ TL gemahlener Kreuzkümmel	1 rote Paprika, gewürfelt
1 TL Kurkuma	150 g Kidneybohnen (gekocht)
1 TL gemahlener schwarzer Pfeffer	8 grüne Spitzpaprika
¼ TL Oregano	geriebener Käse (optional)

Zwiebel und Knoblauch ein paar Minuten in Öl glasig dünsten. Hackfleisch und die Gewürze zugeben und bei mittelstarker Hitze anbraten. Mit Rotwein ablöschen und gut umrühren. Tomatenstücke, getrocknete Tomaten, Tomatenmark, rote Paprika und Bohnen zugeben. Bei schwacher Hitze 30 bis 45 Minuten köcheln lassen, bei Bedarf noch etwas Wasser zugießen. Heiß in den halbierten, entkernten Spitzpaprika füllen und nach Wunsch mit Käse bestreut servieren. Dazu Tacos oder Tortillas, einen grünen Salat und saure Sahne reichen.

Schweinefilet
mit Himbeer-Schokoladensauce

2–3 Portionen

- 250 g Schweinefilet
- Olivenöl
- 1 EL gehackte rote Zwiebel
- Zitronensaft
- 80–100 g frische oder tiefgekühlte Himbeeren
- ½ TL gehackter Rosmarin (nach Geschmack)
- 4 EL Gemüsebrühe oder Wasser
- 25 g Bitterschokolade, gerieben
- Honig

Schweinefilet in Olivenöl rundherum scharf anbraten und im Ofen bei 175 °C 15 Minuten gar schmoren. Unterdessen für die Sauce das überschüssige Fett aus der Pfanne gießen und die Zwiebel in der Pfanne anbraten. Mit Zitronensaft ablöschen, reduzieren. Die grob zerkleinerten Himbeeren sowie Rosmarin und Brühe zugeben und bei sehr schwacher Hitze köcheln lassen. Kurz vor dem Servieren vorsichtig die Schokolade unterrühren. Die Sauce mit dem aufgeschnittenen Filet anrichten.

Chili con carne

Hausgemachte Würstchen

Cranberry-Würstchen, pro Portion

2 EL Pekannüsse
4 EL getrocknete Cranberrys
100 g Schweinehackfleisch
1 Schalotte, gehackt
Salz und frisch gemahlener Pfeffer
Schweinenetz

Pekannüsse ohne Fett anrösten. Cranberrys und die Nüsse fein hacken. Zusammen mit dem Fleisch, der Schalotte und den Gewürzen in einer Schüssel mischen und portionsweise in Schweinenetz (siehe Tipp) einrollen. In einer Pfanne gut durchbraten.

Würstchen mit Ingwer und Orange, pro Portion

2 TL Orangenschale
100 g Kalbs- oder Schweinehackfleisch
2 TL frisch geriebener Ingwer
1 EL fein gehackte Schalotte
Saft von 1/4 Zitrone
Salz und frisch gemahlener Pfeffer
Schweinenetz

Orangenschale blanchieren und fein hacken. Anschließend alle Zutaten in einer Schüssel mischen und portionsweise in Schweinenetz (siehe Tipp) einrollen. In einer Pfanne gut durchbraten.

Kerbel-Würstchen mit Brie-Füllung, pro Portion

100 g Hackfleisch (Schwein, Kalb oder Rind)
4 EL gehackte Pekannüsse
2 EL fein gehackte Schalotten
2 EL fein gehackter Kerbel
20 g Brie-Käse
Schweinenetz

Hackfleisch, Nüsse, Schalotten und Kerbel in einer Schüssel mischen. Aus der Masse Würstchen formen, dabei in der Mitte jeweils etwas aushöhlen, mit dem Käse füllen und wieder zusammenrollen. In Schweinenetz (siehe Tipp) einrollen. In einer Pfanne gut durchbraten.

Asiatische Würstchen, pro Portion

1 EL gehackte Schalotten
1 TL Sesamöl
100 g Hackfleisch
2 EL gewürfelte Trockenfeigen
2 TL Mirin-Sauce (Asia-Laden)
2 TL Sojasauce
1 TL schwarze Sesamkörner
Schweinenetz

Schalotten einige Minuten in Öl andünsten. Anschließend alle Zutaten in einer Schüssel mischen und portionsweise in Schweinenetz (siehe Tipp) einrollen. In einer Pfanne gut durchbraten. Mit Reis und gedämpftem oder gebratenem Gemüse servieren.

Tipp

Es macht großen Spaß, seine Würstchen aus frischen Zutaten selbst zuzubereiten – ganz ohne schädliche Konservierungsstoffe. Man braucht dafür keine speziellen Geräte, nur Schweinenetz (beim Metzger erhältlich, evtl. vorbestellen). Die Würstchen können tiefgekühlt werden, sofern sie aus frischem, nicht aufgetautem (!) Fleisch hergestellt wurden.

Kerbel-Würstchen mit Brie-Füllung

Geschmorte Schweinshaxe

mit Mango

2 Portionen

- 2 kleine Schweinshaxen
- 1 rote Zwiebel, in Spalten geschnitten
- 60 g getrocknete Mango, in Streifen geschnitten
- 250 ml Gemüsebrühe
- frischer Salbei
- 1 Prise Piment
- 1/2 EL Butter
- 1/2 EL Mehl
- Salz und Pfeffer mit 1 Prise Kurkuma

Haxen in einem Suppentopf mit kaltem Wasser bedecken und zum Kochen bringen. Herunterschalten und 1 Stunde köcheln lassen. Fett und Schwarte entfernen, das Fleisch in mundgerechte Stücke schneiden. Zwiebel, Mango, Brühe, Salbei, Piment und das Fleisch in einen Topf geben und bei schwacher Hitze 1 Stunde schmoren lassen. Butter und Mehl mit einer Gabel verkneten und die Sauce damit andicken. Gut umrühren, bei Bedarf noch etwas Wasser zugeben. Abschmecken.

Schweinefilet

mit Heidelbeerfüllung

4 Portionen

- 1 großes Schweinefilet

Füllung

- 2 EL gehackte milde Zwiebeln
- 2 Knoblauchzehen, fein gehackt
- 2 EL Butter
- 100 g Semmelbrösel
- 2 EL gemahlener Leinsamen
- 1 TL frisch gehackter Oregano
- 1 EL frisch gehackte Petersilie
- 2 TL abgeriebene Orangenschale
- 4 EL Olivenöl
- 1 Ei
- 6–8 große Scheiben luftgetrockneter Schinken
- 6 EL Waldheidelbeeren

Sauce

- 1 Schalotte, gehackt
- 250 ml Hühner- oder Gemüsebrühe
- 3 TL Honig
- 2 EL Waldheidelbeeren
- frischer Oregano, gehackt

Backofen auf 175 °C vorheizen. Zwiebeln und Knoblauch in Butter glasig dünsten, in eine Schüssel geben. Semmelbrösel, Leinsamen, Oregano, Petersilie, Orangenschale, Olivenöl und Ei zufügen, miteinander vermengen und würzen. Schinkenscheiben auf einer Frischhaltefolie auslegen. Das Filet darauflegen, längs aufschneiden, mit der Masse bestreichen und Heidelbeeren daraufstreuen. Zusammenklappen, ganz in den Schinken einwickeln und mit Küchenzwirn zusammenbinden. Mit etwas Olivenöl bestreichen und im Ofen 1 Stunde schmoren. Das Fleisch ist gar, wenn der beim Stechen mit einer Messerspitze austretende Fleischsaft klar ist. Das Filet aus dem Bräter nehmen und mit Alufolie abgedeckt ruhen lassen. Für die Sauce überschüssiges Fett aus dem Bräter gießen, die Schalotte darin anbraten, mit Brühe ablöschen und das Ganze einkochen lassen. Honig, Heidelbeeren und Oregano zugeben. Abschmecken und zum Filet servieren.

geschmorte Schweinshaxe
mit Mango

Gebratene Nudeln

mit Schweinefilet und Gemüse

pro Portion

- 125 g Schweinefilet
- 1 TL schwarze Bohnenpaste (Asia-Laden)
- 125 ml Hühnerbrühe
- 1 Knoblauchzehe, fein gehackt
- 1/4 TL fein gehackter Ingwer
- Chili (nach Geschmack)
- Chow-Mein-Nudeln (Asia-Laden)
- Erdnussöl
- 100 g Pak-Choi, in Streifen geschnitten
- 1/2 TL Limettensaft
- Schnittknoblauch, fein gehackt

Filet in Streifen schneiden und mit einer Gabel einstechen. Für die Marinade die Bohnenpaste in der Brühe auflösen und je die Hälfte Knoblauch und Ingwer sowie den Chili zugeben. Die Filetstreifen darin 1 bis 2 Stunden marinieren. Nudeln in kochendem Wasser garen, abgießen und beiseitestellen. Filetstreifen aus der Marinade nehmen und in Erdnussöl einige Minuten anbraten. Beiseitestellen. Etwas Öl in den Wok geben. Pak-Choi mit dem Rest Ingwer und Knoblauch sowie Limettensaft und Schnittknoblauch darin anbraten. Die Nudeln und das Fleisch untermischen. Sofort servieren.

Schweinebraten

mit Salbei-Porree-Füllung und Brombeersauce

4 Portionen

- 1 Schweinerollbraten

Füllung

- 100 g Porree, in Ringe geschnitten
- Olivenöl
- 150 g Schweinefleisch, fein gewürfelt
- 5 EL feine Semmelbrösel
- 2 EL frisch gehackter Salbei
- 3 EL klein geschnittene Brombeeren
- 1 kleines Ei, verquirlt
- Salz und frisch gemahlener Pfeffer
- 1 Prise Kurkuma

Sauce

- 125 ml Rinder- oder Hühnerbrühe
- 75 g Brombeeren
- 1 EL Zitronensaft
- 1 EL Honig
- 2 EL Olivenöl
- Salz und Pfeffer
- 1 Prise Kurkuma (nach Geschmack)

Backofen auf 175 °C vorheizen. Für die Füllung den Porree in Olivenöl weich dünsten. Fleischwürfel, Semmelbrösel, Salbei, Brombeeren, Ei und den Porree in einer Schüssel gut mischen. Mit Salz, Pfeffer und Kurkuma würzen.

Den Braten aufklappen, mit der Masse füllen, aufrollen und mit Küchenzwirn zusammenbinden. Von allen Seiten anbraten, mit der Schwarte nach unten in einen Bräter legen und im Ofen 60 bis 90 Minuten garen, bis der beim Stechen mit einer Messerspitze austretende Fleischsaft klar ist. Aus dem Ofen nehmen und mit Alufolie abgedeckt 10 Minuten ruhen lassen. Das Fleisch kann rosa serviert werden.

Für die Sauce Brühe, Brombeeren, Zitronensaft und Honig zum Kochen bringen und 8 Minuten einkochen lassen. Im Mixer unter Zugabe des Olivenöls glatt pürieren. Durch ein feines Sieb streichen und abschmecken.

Den Braten in dicke Scheiben schneiden und mit der Brombeersauce servieren.

Gebratene Nudeln mit Schweinefilet und Gemüse

Tandoori-Kalbsspieße

3–4 Portionen

- 350 g Kalb- oder Lammfleisch (Schulter oder Keule)
- Naturjoghurt
- 1 Knoblauchzehe, zerdrückt
- Mohnsamen
- je 1 Prise Kurkuma, Chilipulver, Kreuzkümmel, Muskat, Zimt und Koriandersamen
- schwarzer Pfeffer
- rote und weiße Perlzwiebeln
- geklärte Butter oder Ghee
- Salz

Hinweis

Geklärte Butter bzw. Ghee ist das reine Butterfett ohne Wasser oder Milchbestandteile und kann daher erhitzt werden, ohne zu verbrennen. Zum Klären die Butter auf sehr kleiner Stufe oder im Wasserbad zerlassen und dann durch ein mit Mull ausgelegtes Sieb geben.

Das Fleisch würfeln und mit einer Gabel einstechen. Joghurt, Knoblauch, Mohn und die Hälfte der Gewürze (die Koriandersamen zuvor ohne Fett anrösten, um das Aroma zu intensivieren, und im Mörser zerstoßen) verrühren. Die Fleischwürfel darin wenden (am besten am Vortag zubereiten, damit das Fleisch mindestens 8 Stunden im Kühlschrank marinieren kann; 1 Stunde vor der Zubereitung aus dem Kühlschrank nehmen).

Fleisch abwechselnd mit Perlzwiebeln auf Metall- oder Holzspieße (siehe Hinweis) stecken. Im Ofen bei 200 °C backen, dabei mehrfach (erstmals nach 4 Minuten) mit einer Mischung aus geklärter Butter und den restlichen Gewürzen bestreichen. Die Spieße sollten braun und knusprig werden.

Mit Kurkuma-Basmatireis und Brokkoli oder einem Salat als Beilage servieren.

Tipp

Wenn Sie Holzspieße verwenden, müssen diese vor dem Gebrauch in Wasser eingeweicht werden, damit sie im Ofen bzw. auf dem Grill nicht verbrennen.

Kalbsleber

mit Rotweinsauce

4 Portionen

- 650 g Kalbsleber
- 175 ml roter Dessertwein
- frischer Thymian, gehackt
- frischer Estragon, gehackt
- 12 Perlzwiebeln
- 4 EL Olivenöl
- ½ TL Honig
- Salz
- 1 EL Balsamico-Essig
- 2 EL Kamut- oder Vollkornweizenmehl
- frisch gemahlener schwarzer Pfeffer mit 1 Prise Kurkuma
- 2 EL frisch gehackte Petersilie

Leber in dünne Scheiben schneiden. Rotwein, Thymian und etwas von dem Estragon mischen und die Leber darin 30 bis 60 Minuten marinieren. Zwiebeln einige Minuten in etwas Öl anbraten. Honig, Essig, 1 Prise Salz und etwas Estragon zugeben und warm stellen. Mehl mit Salz und Kurkuma-Pfeffer würzen. Die Leber darin wenden und in Olivenöl scharf anbraten, bis sie außen braun, innen aber noch rosa ist. Warm halten. Die Pfanne mit dem Marinade-Wein ablöschen, zum Kochen bringen und nach Geschmack auf zwei Drittel oder die Hälfte reduzieren. Mit Petersilie und Estragon aromatisieren. Die Leber mit den Zwiebeln und der Sauce servieren.

Tipp

Ein kräftiger Dessertwein wie „Marsala" oder ein Portwein sind für dieses Rezept hervorragend geeignet.

Tandoori-Kalbsspiesse

Kohlrouladen
orientalisch

2–3 Portionen

Kohlblätter

Füllung

- 1 mittelgroße Zwiebel, fein gehackt
- 2 EL natives Olivenöl extra
- 100 g Kalbs-, Lamm- oder Rinderhackfleisch
- 1 kleine Knoblauchzehe, gehackt
- 100 g gekochter Wild- und Langkornreis
- 1/2 TL Piment
- 1 TL frisch gehackte Minze
- 1 TL Zitronensaft
- Salz und Pfeffer
- 125 ml Hühner- oder Gemüsebrühe

Zwiebel in etwas Öl glasig dünsten. Hackfleisch und Knoblauch zugeben und gut durchbraten. Überschüssiges Fett abgießen. Die Fleischmischung, Reis, Piment, Minze, Zitronensaft und 1 EL Olivenöl in einer Schüssel gut mischen. Würzen. Kohlblätter 5 Minuten in Salzwasser blanchieren, dann unter kaltem Wasser abkühlen. Je einen gut gehäuften Esslöffel Füllung auf die Blätter setzen, eng aufrollen und dicht nebeneinander in eine Auflaufform setzen. Brühe angießen und im Ofen bei 175 °C ein paar Minuten garen. Mit Naturjoghurt und Pitabrot servieren.

Hinweis

Piment wird auch als Jamaika- oder Nelkenpfeffer bezeichnet. Es handelt sich um die pfefferkorngroßen Beeren der Pimentmyrthe (Pimenta dioica), die zwischen der Karibik und Brasilien heimisch ist. Geschmacklich erinnern sie an eine Mischung aus Zimt, Nelken und Muskat – daher auch die Bezeichnung „Allgewürz".

Lammschmortopf
mit Birnen und Aprikosen

4 Portionen

- 1 TL Koriandersamen
- 1/2 TL geriebener Ingwer
- 1/2 TL Cayennepfeffer
- 1/4 TL Safran, fein gemahlen
- 1 Zimtstange
- 1 kg Lammfleisch (aus Keule oder Schulter)
- 2 große Zwiebeln, gewürfelt
- Olivenöl
- 2 feste Birnen, geschält und gewürfelt
- 60–100 g getrocknete Aprikosen, klein geschnitten
- 25 g frischer Koriander, gehackt (optional)
- frische Korianderzweige

Koriandersamen anrösten, um das Aroma zu intensivieren, und mit den übrigen Gewürzen im Mörser zerstoßen. Lammfleisch in Würfel oder Scheiben schneiden und in einen Schmortopf geben. Die Gewürze und die Hälfte der Zwiebeln zufügen. Mit kaltem Wasser bedecken und zum Kochen bringen. Abgedeckt bei schwacher Hitze 1 Stunde köcheln lassen.

Etwas Öl in einer Pfanne erhitzen und die restlichen Zwiebeln darin bräunen. Birnen und Aprikosen zufügen und bei mittlerer Hitze 2 bis 3 Minuten angehen lassen. Mit dem gehackten Koriander zum Fleisch geben und abgedeckt weitere 30 bis 60 Minuten schmoren lassen. Abschmecken, mit Koriander garnieren und mit Couscous oder Reis als Beilage servieren.

Kohlrouladen orientalisch

Zickleinbraten
mit Knoblauch

4 Portionen

- 1 Schulterrollbraten vom Zicklein
- 2–3 Knoblauchzehen, in Stifte geschnitten
- Rosmarinzweige
- Salbeizweige
- Dijon-Senf
- Olivenöl
- 125 ml Rotwein oder trockener Weißwein

Backofen auf 120 °C vorheizen. Den Braten mit Knoblauch spicken und die Kräuter rundherum unter die Fäden schieben. Senf und etwas Olivenöl verrühren. Den Braten damit bestreichen und würzen. In einen Bräter legen, Wein angießen und 2 ½ Stunden im Ofen schmoren lassen. Mit dem reduzierten Bratensaft servieren.

Hinweis

Ziegenfleisch ist fettarm und eisenreich: Während eine 85-g-Portion Rindfleisch 6, 8 g gesättigte Fettsäuren enthält, hat Ziegenfleisch nur 0, 79 g. Auch ist es reich an Eiweiß (23 g) und enthält mehr Eisen (3,3 g). Sein Kaloriengehalt ist mit 122 kcal deutlich niedriger als der von Rindfleisch (245 kcal).

Kohlrouladen
asiatische

2 Portionen

- Kohlblätter (Chinakohl oder Pak-Choi)

Füllung

- 100 g Schweinehackfleisch
- 1 Ei, verquirlt
- 1 TL gehackte Bambussprossen
- 1 EL gehackte Wasserkastanien (Asia-Laden)
- 1 Knoblauchzehe, gehackt
- Mirin-Sauce (Asia-Laden)
- helle Sojasauce

Sauce

- 125 ml Hühnerbrühe
- 1 TL Soja- oder Tamarindensauce
- 1 Prise Szechuan-Pfeffer

Für die Füllung Fleisch, Ei, Bambussprossen und Kastanie vermengen und bei mittlerer Hitze braten, am Ende der Garzeit etwas Mirin- und Sojasauce zugeben. Kohlblätter blanchieren und sofort unter kaltem Wasser abschrecken. Die Füllung darauf verteilen und vorsichtig aufrollen, u. U. mit Küchenzwirn zusammenbinden. Die Rouladen nebeneinander in eine Auflaufform setzen und mit der Sauce übergießen. Im Ofen bei 175 °C einige Minuten schmoren.

Zickleinbraten
mit Knoblauch

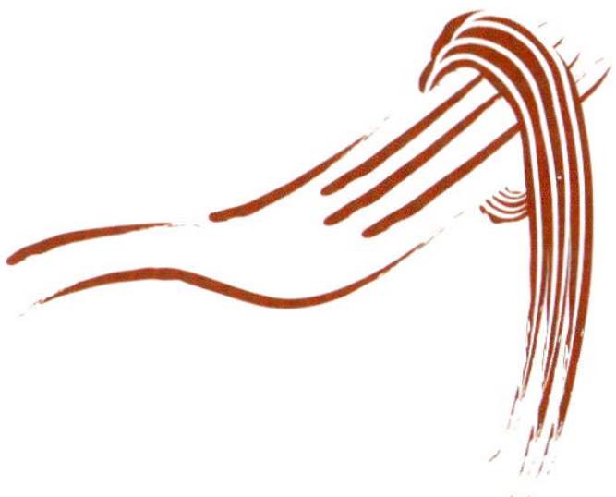

Pasta und Quiches

Muschelnudeln
mit Lachs und Spinat

4 Portionen

- 175 g Blattspinat
- 300 g Räucherlachs oder Graved Lachs, gewürfelt
- 12 große Muschelnudeln

Sauce

- 1 Schalotte, fein gehackt
- 1 EL Olivenöl
- 60 g kleine Spinatblätter
- 375 g Kochsahne (15 % Fett)
- 75 g Schweizer Käse, gerieben
- Salz
- frisch gemahlener Pfeffer mit 1 Prise Kurkuma

Spinat ohne Fett in einem Topf zerfallen lassen und würzen. Für die Sauce die Schalotte in Öl andünsten. Spinat, Sahne und Käse zufügen und unter ständigem Rühren aufkochen. Im Mixer glatt pürieren, dann den Lachs zugeben. Abschmecken. Die Nudeln kochen und mit Olivenöl beträufeln. Mit dem Spinat und der heißen Lachs-Sahnesauce füllen. Dazu einen Rohkostsalat oder gedämpftes Gemüse servieren.

Farfalle
mit Lachs-Dill-Sauce

2 Portionen

- Vollkorn-Farfalle
- 1 Knoblauchzehe, gehackt
- Olivenöl
- Kochsahne (15 % Fett)
- 1 EL gehackter Dill
- 150 g frisches Lachsfilet, klein geschnitten
- Salz und frisch gemahlener Pfeffer

Nudeln kochen. Unterdessen für die Sauce den Knoblauch in Öl andünsten. Sahne und die Hälfte Dill zugeben und unter Rühren erhitzen. Lachsstücke zufügen und ein paar Minuten köcheln lassen. Abschmecken. Die Sauce über die Nudeln geben, mit dem Rest Dill garnieren und mit einem grünen Salat servieren.

Tipp
Wenn Sie Graved Lachs verwenden, die Sauce nur sehr sparsam salzen, da der Lachs selbst schon recht salzig ist.

Muschelnudeln mit
Lachs und Spinat

Tomatensauce
kalt zubereitet

2 Portionen

- 2 große, reife Tomaten
- 1 Bund Basilikum, fein gehackt
- 1 Knoblauchzehe, fein gehackt
- natives Olivenöl extra
- Zitronensaft (optional)
- schwarze Oliven, in Scheiben geschnitten
- Salz und frisch gemahlener Pfeffer
- 1 Prise Zucker

Tomaten klein schneiden, die Hälfte pürieren und in eine Schüssel geben. Basilikum, Knoblauch, Olivenöl, Zitronensaft, Oliven und die Tomatenstücke zufügen. Abschmecken. Wenn die Tomaten zu säuerlich sind, 1 Prise Zucker unterrühren. 2 bis 3 Stunden ziehen lassen. Die Sauce ggf. rechtzeitig aus dem Kühlschrank nehmen und zimmerwarm servieren.

Grüner Pesto

2 Portionen

- 40 g Pekannüsse
- 1 Bund Basilikum
- 1 Bund Petersilie
- 30 g Parmesankäse
- 1 Knoblauchzehe
- 75 ml Hühnerbrühe
- 75 ml natives Olivenöl extra
- Zitronensaft
- Salz und frisch gemahlener Pfeffer

Pekannüsse in der Pfanne bei mittlerer Hitze goldbraun rösten. Alle Zutaten in den Mixer geben – das Olivenöl allerdings erst nach und nach dazuträufeln – und zu einer glatten Sauce pürieren. Abschmecken, nach Geschmack etwas Zitronensaft zugeben (das verbessert die Haltbarkeit). In einem fest verschlossenen Glas hält sich der Pesto im Kühlschrank bis zu 2 Wochen.

Roter Pesto

2 Portionen

- 75 g getrocknete Tomaten in Öl
- 20 g Petersilie
- 40 g Pekannüsse
- 30 g Parmesankäse
- 75 ml natives Olivenöl extra
- 75 ml Hühnerbrühe
- 1 Knoblauchzehe
- Salz und Pfeffer mit 1 Prise Kurkuma

Alle Zutaten im Mixer zu einer glatten Sauce verarbeiten. Es lassen sich auch nicht eingelegte Trockentomaten verwenden – in der Sauce weichen sie schnell ein (ggf. etwas mehr Brühe verwenden).

Grüner Pesto
Tomatensauce

Limetten-Minze-Sauce

2 Portionen

- Saft von ½ Limette
- 175 ml Olivenöl
- 15 g frische Minze, gehackt
- 1–2 EL Honig
- Salz und frisch gemahlener Pfeffer

Alle Zutaten im Mixer zu einer glatten Sauce verarbeiten. Abschmecken. Nach Wunsch eine der Geschmacksnoten durch zusätzliche Zugabe der jeweiligen Zutat hervorheben. Heiß oder kalt servieren.

Tomatensauce

2 Portionen

- 1 Rispe Kirschtomaten
- Olivenöl
- 3 reife Tomaten
- Salz und frisch gemahlener Pfeffer
- 125 g Zucchini und Blumenkohl
- 1 Schalotte, fein gehackt
- frischer Thymian und Oregano

Kirschtomaten mit Öl bestreichen und im Ofen bei 100 °C 30 bis 40 Minuten rösten. Unterdessen für die Sauce die anderen, rohen Tomaten im Mixer glatt pürieren (sie brauchen nicht entkernt oder geschält zu werden). Würzen. Zucchini in Scheiben schneiden, Blumenkohl in kleine Röschen teilen und beides mit der Schalotte in Öl weich dünsten. Die Tomatensauce und die Kräuter zugeben. Abschmecken. Mit den Rösttomaten garniert servieren.

Champignon-Rotwein-Sauce

2 Portionen

- 1 Schalotte, fein gehackt
- 3 Champignons, in dünne Scheiben geschnitten
- 1 reife Tomate, gewürfelt
- Olivenöl
- 4 EL Rotwein
- 4 EL Hühnerbrühe
- 2 EL Tomatensauce
- 1 TL Butter
- 1 TL frischer Thymian
- Salz und frisch gemahlener Pfeffer

Schalotte, Champignons und Tomate in Olivenöl anbraten. Mit Rotwein ablöschen und einkochen lassen. Hühnerbrühe, Tomatensauce und Butter zugeben. Mit Thymian, Salz und Pfeffer würzen. Auf al dente gekochten Nudeln servieren.

Champignon-
Rotwein-Sauce
Tomaten-
sauce
Limetten-Minze-Sauce

Linguini
mit gefülltem Kalbsschnitzel

2 Portionen

- grüne Linguini
- 1 Schalotte und/oder Knoblauch, gehackt
- Olivenöl
- 50 g Tomaten, fein gewürfelt (mit Saft)
- Thymian
- Salz und Pfeffer
- 2 Kalbsschnitzel
- Schweizer Käse (gerieben oder in Scheiben)
- 2 EL Champignonscheiben, angebraten

Nudeln kochen. Unterdessen die Schalotte in Olivenöl anbraten. Tomaten mit Saft zufügen und reduzieren. Würzen. Schnitzel längs aufschneiden und die untere Hälfte mit Käse belegen. 1 Esslöffel von der Tomatensauce und die Champignons daraufgeben. Die obere Hälfte darüberklappen. In einer Pfanne das Schnitzel auf beiden Seiten braten. Nudeln mit dem Rest der Tomatensauce mischen und zum Schnitzel reichen.

Cannelloni
mit Ricotta-Brunnenkresse-Füllung

6 Portionen

- 1 Schalotte, gehackt
- 1 EL frisch gehackte Petersilie
- Olivenöl
- 250 g Ricottakäse
- 20 g Brunnenkresse, grob gehackt
- 1 Ei
- Salz und Pfeffer
- 6 Cannelloni (ohne Vorkochen)
- Mozzarellakäse (optional)
- Parmesankäse

Tomatensauce

- 1 Dose (400 g) Tomatenstücke
- 1/2 Zwiebel, gehackt
- 1/2 Knoblauchzehe, fein gehackt
- 125 ml Wasser

Schalotte mit Petersilie in etwas Olivenöl andünsten. In einer Schüssel mit Ricotta, Brunnenkresse und Ei gründlich mischen. Würzen. Cannelloni mit dieser Masse füllen.

Für die Tomatensauce die Zwiebeln andünsten und mit den übrigen Zutaten vermengen. Die Hälfte der Sauce in einer Auflaufform verteilen. Die Cannelloni darauflegen und die restliche Sauce darübergeben. Im Ofen bei 175 °C 30 Minuten bzw. gemäß Packungsanweisung backen. Nach Wunsch Mozzarellawürfel darübergeben und im Ofen bräunen lassen oder vor dem Servieren mit Parmesan bestreuen.

Canneloni mit Ricotta-Brunnenkresse-Füllung
Linguini mit gefülltem Kalbsschnitzel

Schokoladen-Lasagne

Grundrezept Schokoladen-Pastateig 2–3 Portionen

- 350 g Weißmehl
- 1 TL Salz
- 2 EL stark entölter Kakao
- 4 EL Olivenöl
- 1 EL Wasser
- 3 Eier

Mehl, Salz und Kakao vermengen. In die Mitte eine Vertiefung drücken, Öl und Wasser hineingeben und verrühren. Nacheinander die Eier zugeben und immer mehr von der Mehlmischung untermischen. Den Teig kneten, bis eine glatte Kugel entsteht. Auf eine leicht bemehlte Arbeitsfläche geben und weiterkneten. Dann 15 bis 30 Minuten ruhen lassen. Die Arbeitsfläche erneut mit Mehl bestäuben. Die Walzen der Nudelmaschine auf den breitesten Abstand stellen. Den Teig in kleinen, gut handhabbaren Portionen durch die Maschine laufen lassen, in der Mitte falten und erneut durchlaufen lassen. Diesen Vorgang so oft wiederholen, bis der Teig glatt und gleichmäßig ist. Den Walzenabstand nach und nach auf die gewünschte Teigdicke verkleinern.

Tipp

Bei der Nudelherstellung können 15 % des Mehls durch Sojamehl ersetzt werden. Auch eine Mischung von 30 % Buchweizen und 70 % Weizen- oder Kamutmehl ist empfehlenswert.

Sauce

- 2 EL Pinienkerne
- 2 Perlzwiebeln
- 2 TL Haselnussöl
- 250 ml trockener Rotwein
- 375 ml Hühnerbrühe
- 50 g Bitterschokolade (70 % Kakao)
- 1 EL Stärke
- 1 Prise Cayennepfeffer
- Pfeffer mit 1 Prise Kurkuma
- Salz

Füllung (nach Geschmack)

- rote, gelbe und grüne Paprika, fein gewürfelt
- junger Blattspinat
- Champignons, in Scheiben geschnitten
- gegartes Geflügel, in Streifen geschnitten

Pinienkerne ohne Fett anrösten, hacken und beiseitestellen. Zwiebeln in Spalten schneiden und in Haselnussöl goldgelb dünsten. Wein und Brühe zugießen und bei mittlerer Hitze 15 Minuten einkochen lassen. Kurz vor Ende der Garzeit die Schokolade zugeben und schmelzen lassen. Stärke mit etwas kaltem Wasser anrühren, in die Sauce einrühren und einige Minuten eindicken lassen. Abschmecken. Für die Füllung das Gemüse in Öl weich dünsten und die Geflügelstreifen braten. Den Lasagneteig in gleichgroße Vierecke schneiden und gar kochen. Abwechselnd mit der Füllung, den Pinienkernen und der Sauce übereinanderschichten. Sofort servieren.

Tipp

Für einen noch intensiveren Schokoladengeschmack ein Stück Bitterschokolade mit etwas Haselnussöl oder Butter schmelzen und über die Lasagne träufeln.

Schokoladen-Lasagne
Kurkuma-Linguini mit Garnelen

Kurkuma-Linguini

mit Garnelen

2 Portionen

Linguini Grundrezept
350 g Weißmehl
gemahlener schwarzer Pfeffer
1 TL Salz
2 EL Kurkuma
4 EL Olivenöl
1 EL Wasser
3 Eier

Mehl, Pfeffer, Salz und Kurkuma mischen. In die Mitte eine Vertiefung drücken, Öl und Wasser hineingeben. Verrühren. Eier nacheinander zugeben und jeweils gut untermischen. Zum Kneten des Teiges Handschuhe tragen, da Kurkuma die Haut gelb färbt. Den Teig kneten, bis eine glatte Kugel entsteht. Auf eine leicht bemehlte Arbeitsfläche geben und weiterkneten. 15 bis 30 Minuten ruhen lassen. Die Arbeitsfläche erneut mit Mehl bestäuben. Die Walzen der Nudelmaschine auf den breitesten Abstand stellen. Den Teig in kleinen, gut handhabbaren Portionen durch die Maschine lassen, in der Mitte falten und erneut durchlassen. Diesen Vorgang so oft wiederholen, bis der Teig glatt und gleichmäßig ist. Den Walzenabstand nach und nach auf die gewünschte Nudeldicke verkleinern. Die Nudeln vor dem Schneiden möglichst 10 Minuten ruhen lassen, da sich der Teig beim Trocknen zusammenzieht. Auf der bemehlten Arbeitsfläche ablegen.

Sauce
3 EL natives Olivenöl extra oder Butter
1 Knoblauchzehe, gehackt
12 Garnelen (oder Jakobsmuscheln)
2 EL Zitronensaft
2 EL frisch gehackte Petersilie
schwarzer Pfeffer mit 1 Prise Kurkuma
Parmesankäse oder Pecorino

Während die Kurkuma-Linguini kochen, für die Sauce etwas Olivenöl in einer Pfanne erhitzen. Knoblauch darin goldbraun werden lassen. Garnelen zugeben und bei mittlerer Hitze anbraten. Zitronensaft, Petersilie und das restliche Olivenöl in einer Schüssel verquirlen. Über die Nudeln geben, die Garnelenmischung zufügen, würzen und gut umrühren. Mit geriebenem Käse servieren.

Tipp
Um der Sauce eine andere Note zu verleihen, die Petersilie halb oder ganz durch fein gehackten Estragon ersetzen.

Huhn-Spinat-Lasagne

6 Portionen

Pasta

siehe nebenstehendes Linguini-Rezept

Béchamel-Sauce

1 Perlzwiebel, fein gehackt
1 Prise Muskat
1 Lorbeerblatt
375 ml Milch
50 g Butter
50 g Mehl
Salz und Pfeffer

Füllung

1 gegarte Hähnchenbrust
175 g Blattspinat, entstielt
Parmesankäse

Für die Béchamel-Sauce die Zwiebel mit Muskat und Lorbeer bei mittlerer Hitze andünsten. Milch zugießen, zum Kochen bringen und vom Herd nehmen. Abgedeckt ziehen lassen. Wenn die Milch abgekühlt ist, diese noch einmal auf kleiner Stufe zum Kochen bringen und dann durch ein Sieb geben. In einem Schmortopf Butter und Mehl bei mittlerer Hitze unter Rühren anschwitzen. Die aromatisierte Milch langsam zugießen und unter ständigem Rühren aufkochen lassen. Hitze runterschalten und 2 bis 3 Minuten köcheln und eindicken lassen. Abschmecken.
Backofen auf 175 °C vorheizen. Hähnchenbrust in Streifen schneiden. Den Lasagneteig in gleichgroße viereckige Blätter schneiden und al dente kochen. Eine rechteckige Auflaufform einfetten. Abwechselnd Lasagneblätter, Béchamel-Sauce (oder Mozzarella), Spinat und Hähnchenstreifen in die Form schichten. Mit einer Nudelschicht abschließen und mit Käse bestreuen. Die Form mit Alufolie abgedeckt in den Ofen schieben und 45 bis 60 Minuten backen. Dann die Folie entfernen und die Lasagne 7 bis 10 Minuten bräunen.

Tipp

Aus den Lasagneblättern lassen sich auch Meeresfrüchterollen zubereiten: Die Teigplatten al dente kochen und mit Spinat belegen. Entlang der Mitte kleine Garnelen, Jakobs- oder Miesmuscheln (mit Knoblauch in Olivenöl angebraten und mit trockenem Weißwein abgelöscht) darauf geben. Etwas Béchamel-Sauce darübergießen und mit geriebenem Käse bestreuen. Die Blätter jeweils zu einer Rolle aufwickeln und mit einem Zahnstocher zusammenstecken. In eine mit Öl eingefettete Auflaufform legen, mit dem Rest Béchamel-Sauce übergießen oder mit Mozzarella bestreuen. Im vorgeheizten Ofen bei 220 °C 5 Minuten goldbraun überbacken.
Der Spinat kann durch eine oder zwei gekochte, auf passende Länge geschnittene grüne Spargelstangen oder durch in Butter angebratene Pilze (Steinpilze, Champignons) ersetzt werden.

Gemüse-Garnelen-Auflauf

mit Blätterteigdeckel

3 Portionen

- Brokkoli und Blumenkohl
- 1 Knoblauchzehe, fein gehackt
- 3 EL Butter
- 3 EL Kamut- oder Weizenvollkornmehl
- 250 ml kalte Gemüsebrühe
- Koch- oder Schlagsahne (15 % oder 35 % Fett)
- 3–4 Garnelen, klein geschnitten
- Kerbel
- 200 g Blätterteig (s. Rezept S. 246)

Gemüse in mundgerechte Stücke schneiden. Für die Sauce Knoblauch in einem Topf bei mittlerer Hitze in der Butter andünsten. Mehl zufügen und anschwitzen. Brühe zugießen und unter ständigem Rühren zum Kochen bringen. Sahne, Gemüse, Garnelen und Kerbel untermischen und mit Salz und Pfeffer abschmecken.

Backofen auf 200 °C vorheizen. Die Gemüse-Garnelen-Mischung in kleine Auflaufformen (Ramequins) geben. Blätterteig ausrollen und „Deckel" für die Formen ausschneiden. Auf die Förmchen legen und mit verquirltem Ei bestreichen. Im Ofen goldbraun backen.

Schinken-Lauch-Taschen

2 Portionen

- 2 Porreestangen
- 150 g Blumenkohl und Brokkoli
- 10–12 Blätter Filo-Teig
- 75 g Butter, zerlassen
- 4 Scheiben luftgetrockneter Schinken
- 40 g Pinienkerne, geröstet
- 60 g Emmentaler oder Schweizer Käse, gerieben

Gemüse klein schneiden und in etwas Olivenöl einige Minuten anbraten. Filo-Teig in Rechtecke schneiden, mit zerlassener Butter bestreichen und zügig mehrere Lagen übereinander schichten (nicht verarbeiteten Filo-Teig mit einem feuchten Tuch abdecken). Schinken klein schneiden und mit Gemüse, Pinienkernen und Käse in die Mitte geben. Die kurzen Seiten des Rechtecks zur Mitte falten, sodass sie sich in der Mitte überlappen und eine einseitig offene Dreieckstasche entsteht. Auf ein mit Backpapier ausgelegtes Blech legen, mit Butter bestreichen und im vorgeheizten Ofen bei 200 °C 35 bis 40 Minuten goldbraun backen.

Frittata

4–5 Portionen

- 2 Eier
- 2 Eiweiß
- 1 Schalotte, gehackt
- 1 Knoblauchzehe, fein gehackt
- 1/4 rote Paprika, gewürfelt
- 1/4 orange Paprika, gewürfelt
- 1/4 grüne Paprika, gewürfelt
- 20 g Brokkoli, klein geschnitten
- 20 g Blumenkohl, klein geschnitten
- 1 EL gehackte Petersilie (optional)
- Salz und frisch gemahlener Pfeffer
- 1 Prise Kurkuma (optional)
- Mozzarellakäse, fein gewürfelt

Eier und Eiweiß verquirlen. Schalotte, Knoblauch und das Gemüse untermischen. Würzen. In einer beschichteten Pfanne 10 Minuten garen lassen. Mit Käse bestreuen und im Ofen bei 200 °C fertig stocken lassen und überbacken. In Viertel schneiden und mit einem grünen Salat und Roggenknäcke- oder Vollkornbrot servieren.

Schinken-Lauch-Taschen

Spinatstrudel

mit Fetakäse

6 Portionen

- 175 g Blattspinat
- 2 Perlzwiebeln, gehackt
- 1 Knoblauchzehe, fein gehackt
- Olivenöl
- 4 EL gehackte Petersilie
- 4 EL Sahne
- 1 Prise Muskat
- Salz und gemahlener schwarzer Pfeffer
- 8–10 Blätter Filo-Teig
- 75–100 g Butter, zerlassen
- 125 g Fetakäse

Spinat blanchieren, unter kaltem Wasser abschrecken, gut ausdrücken und grob hacken. Zwiebeln und Knoblauch in Öl bei mittlerer Hitze einige Minuten andünsten. Petersilie und Sahne unterrühren. Vom Herd nehmen, Spinat und Muskat untermischen und abschmecken.

Filo-Teigblätter mit zerlassener Butter bestreichen und übereinanderlegen (zügig arbeiten, da der Teig schnell brüchig wird). Die Spinatmischung und den klein gebröselten Feta darauf verteilen, dabei rundherum am Rand einen Fingerbreit frei lassen. Von einer der langen Seite her vorsichtig zu einer Rolle aufwickeln. Den Strudel mit der Naht nach unten auf ein Blech setzen, oben dreimal einschneiden und mit Butter bestreichen. Im vorgeheizten Ofen bei 200 °C 35 bis 40 Minuten goldbraun backen. Aufschneiden und heiß oder warm servieren.

Käse-Quiche

mit Porree

4 Portionen

Belag

- 450 g Porree, in Ringe geschnitten
- Olivenöl
- 2 große Eier
- 250 g Sahne oder Milch
- Kirschtomaten zum Garnieren

Käse-Quicheteig

- 250 g Weizenvollkornmehl
- 6 EL geriebener Parmesankäse
- Salz und frisch gemahlener Pfeffer
- 125 g Butter, in Würfeln
- 1 Ei, verquirlt
- 2–3 EL Eiswasser

Porree 2 Minuten in Olivenöl anbraten. Eier und Milch verquirlen, den Porree zugeben, würzen und beiseitestellen.

Für den Teig Mehl, Käse, Salz und Pfeffer vermischen. In die Mitte eine Vertiefung drücken, zimmerwarme Butter hineingeben und mit den Fingern in das Mehl einarbeiten. Ei und 2 Esslöffel Wasser verquirlen, zugeben und alles zu einem Teig verkneten, bei Bedarf noch etwas Wasser zufügen. Den Teig in Frischhaltefolie eingewickelt 30 Minuten kalt stellen. Anschließend aus dem Kühlschrank nehmen, 15 Minuten anwärmen lassen, dann auf einer bemehlten Arbeitsfläche ausrollen. Eine Quicheform damit auslegen, den überstehenden Rand glätten und den Boden mit einer Gabel einstechen. Mit Backbohnen bedeckt 10 bis 12 Minuten vorbacken. Bohnen entfernen, Boden vollständig abkühlen lassen, dann die Füllung hineingeben. Bei 175 °C 20 bis 35 Minuten backen, bis der Belag in der Mitte gestockt ist. Mit Kirschtomaten garnieren.

Spinatstrudel mit Fetakäse

Parmesan-Quiche

mit getrockneten Tomaten

4–5 Portionen

Quicheteig (Zubereitung siehe Rezept unten)
250 g Weizenvollkornmehl
200 g Butter
1/2 TL Salz
75 ml Eiswasser

Belag
40 g getrocknete Tomaten, klein geschnitten
2 Knoblauchzehen, in dünne Scheiben geschnitten
Olivenöl
2 große Eier, verquirlt
250 ml Milch
50 g Parmesankäse, gerieben
Salz und Pfeffer mit 1 Prise Kurkuma

Tomaten 30 Minuten in Wasser einweichen. Knoblauch in etwas Öl leicht anrösten. Wenn der vorgebackene Teig abgekühlt ist, Eier und Milch verrühren. Parmesan, den Knoblauch und die Tomaten untermischen und würzen. Mischung auf den Teigboden geben und im Ofen bei 175 °C 30 bis 35 Minuten backen, bis der Belag in der Mitte gestockt ist.

Basilikum-Quiche

mit Schweizer Käse

4–6 Portionen

Soja-Quicheteig
200 g Kamutmehl (oder anderes Vollkornmehl)
50 g Sojamehl
4 EL gemahlener Leinsamen
1/2 TL Salz
200 g Butter
75 ml Eiswasser

Belag
6 kleine Perlzwiebel, geviertelt
Olivenöl
2 große Eier
125 ml Milch
125 g Kochsahne (15 % Fett)
150 g Schweizer Käse, gerieben
12 Basilikumblätter, in Streifen geschnitten
Salz und Pfeffer mit 1 Prise Kurkuma

Für den Teig alle trockenen Zutaten vermischen. Zimmerwarme Butter zugeben und mit den Fingern einarbeiten. Wasser zufügen und alles zügig zu einem Teig verkneten. In Frischhaltefolie eingewickelt 30 bis 60 Minuten kalt stellen. Wieder aus dem Kühlschrank nehmen, 15 Minuten anwärmen lassen und anschließend auf einer bemehlten Arbeitsfläche ausrollen. Eine Quicheform damit auslegen, überstehenden Rand glätten und den Boden mit einer Gabel einstechen. Mit Backbohnen bedeckt 10 bis 12 Minuten vorbacken.

Perlzwiebeln in Öl anbraten. Wenn der vorgebackene Teig abgekühlt ist, Eier, Milch und Sahne verquirlen. Käse, Basilikum und die Zwiebeln untermischen und würzen. Auf den Teigboden geben und im Ofen bei 175 °C 30 bis 35 Minuten backen, bis der Belag in der Mitte gestockt ist.

Parmesan-Quiche
mit getrockneten Tomaten

Verschiedenes

Gefüllte Nori-Tüten

Temaki-Sushi

2 Portionen

- 100 g Fischfilet (Barsch, Thunfisch)
- Sesamkörner
- 100 g fertiger Sushi-Reis (s. Rezept S. 132)
- 2 Nori-Blätter (Seetang; Asia-Laden)
- Wasabi-Pulver (oder fertige Paste)
- 4–6 gekochte Garnelen
- Gemüse, in dünne Stifte geschnitten
- junger Blattsalat oder Sprossen

Fischfilet marinieren und braten. Sesam anrösten und mit dem Sushi-Reis mischen. Nori-Blätter auf einer Seite in einer beschichteten Pfanne anrösten, halbieren und zu Spitztüten formen. Etwas mit Wasser angerührtes Wasabi-Pulver (oder fertig gekaufte Paste) daraufstreichen. Die Tüten mit Sushi-Reis, Fischstücken, Garnelen und Gemüsestiften füllen (den Reis mit feuchten Fingern verarbeiten). Zum Verschließen der Tüten den Seetang an der Naht befeuchten und leicht zusammendrücken. Mit Salatblättchen oder Sprossen garniert sofort servieren.

Vegetarische Sushi-Bratlinge

2 Portionen

- Sushi-Reis, mit grünem Tee zubereitet (s. unten)
- Tempura-Teigmischung
- 1 Eigelb, verquirlt
- 1 Blatt Chinakohl, fein gehackt
- ½ TL fein gehackter Knoblauch
- 1 Frühlingszwiebel, fein gehackt
- Erdnussöl

Belag

- 3 EL gewürfelter fester Tofu
- Rettich, in dünne Stifte geschnitten
- Karotte, in dünne Stifte geschnitten
- Gurke, in dünne Stifte geschnitten
- ½ TL abgeriebene Limettenschale
- ½ TL Limettensaft
- Sojasauce
- Sesamöl
- Sesamkörner, geröstet

Alle Zutaten für den Belag in einer Glas- oder Edelstahlschüssel gut mischen und beiseitestellen. Den Sushi-Reis laut Rezept auf Seite 132 zubereiten, jedoch 250 ml Wasser durch dieselbe Menge grünen Tee ersetzen. Den Tempurateig gemäß Packungsanweisung mit Wasser anrühren. Eigelb untermischen.

In einer weiteren Schüssel Chinakohl, Knoblauch, Frühlingszwiebel und ausreichend Reis mischen, um zwei Bratlinge zu erhalten. Die Bratlinge in den Tempurateig tauchen und in einer beschichteten Pfanne oder Fritteuse auf beiden Seiten goldgelb braten. Kurz vor dem Servieren den Belag darauf anrichten. Dazu einen grünen Salat und für eine Extraportion Eiweiß ein Spiegelei reichen.

Nori-Sandwich
mit Temaki-Sushi
Vegetarische
Sushi-Bratlinge
maki
ikura

Wellness-Sandwich

mediterran

1 Portion

- 1 TL gehackte Schalotte
- Olivenöl
- 75 g gegartes Makrelenfleisch, zerkleinert
- 1 Teil Olivenölmayonnaise
- 1 Teil saure Sahne
- Basilikum, fein gehackt
- 1 Prise frisch gehackter Thymian
- 1 Schuss Zitronensaft
- Meersalz und Pfeffer
- 1 Prise Cayennepfeffer
- Pumpernickel
- Kirschtomaten, in Scheiben geschnitten
- Gurke, gehobelt
- Sprossen, z. B. Alfalfa

Schalotte in etwas Olivenöl in einer Pfanne glasig dünsten. Makrele, Mayonnaise, Sahne, Basilikum, Thymian, Zitronensaft und die Schalotte in einer Schüssel zu einer Paste vermischen. Abschmecken. Pumpernickel mit der Fischpaste bestreichen. Tomaten, Gurken und Sprossen daraufschichten. Mit Mineralwasser oder mit grünem Tee mit Zitrone servieren.

Hinweis

Pumpernickel ist ein westfälisches Schwarzbrot aus Roggenschrot und dunklem Roggenmehl, das keine Konservierungsstoffe enthält und einen sehr guten glykämischen Index aufweist.

Erdbeer-Käse-Sandwich

6–8 Portionen

- 1 Vollkorn-Kastenbrot
- cremiger Ziegenfrischkäse
- Schnittlauch, gehackt
- Salz und schwarzer Pfeffer
- Erdbeeren, in dünne Scheiben geschnitten

Aus dem Brotlaib soll hier eine Art „Brotkasten" entstehen: Die Oberseite des Brots abschneiden und beiseitelegen. Das Innere des Brots durch Schnitte entlang der Seiten auslösen, diesen „Brotkörper" in Scheiben schneiden und dann Scheibe für Scheibe mit dem Messer vom Boden lösen. Herausnehmen und jeweils diagonal halbieren. Frischkäse und Schnittlauch mischen und würzen. Die Dreiecksscheiben mit der Käsemischung bestreichen und mit Erdbeerscheiben belegen. Die Sandwiches zurück in den „Brotkasten" legen und diesen wie eine Truhe mit der abgeschnittenen Oberseite verschließen.

Wellness-Sandwich mediterran

Tortilla

mit Huhn

pro Portion

- 50 g Gouda
- 1 Portion gegartes Hühnerfleisch (oder Pute)
- 1 Vollkorn-Weizentortilla
- grüner Salat
- 1 EL Guacamole oder Salsa
- rote, gelbe und grüne Paprikastreifen
- frischer Koriander

Backofen auf 200 °C vorheizen. Käse reiben und bei schwacher Hitze vorsichtig schmelzen lassen. Hühnerfleisch in dünne Streifen schneiden. Tortilla im Ofen 5 Minuten aufbacken. Die Tortilla mit Salat belegen. In der Mitte mit Guacamole oder Salsa bestreichen. Hähnchen, Paprikastreifen, den geschmolzenen Käse und Koriander daraufgeben. Die Tortilla zu einem Wrap aufrollen.

Tipp

Für eng gewickelte Wrap-Rollen ist eine Sushi-Bambusmatte sehr hilfreich. Alternativ die Tortilla einfach locker über die Füllung falten.

Fisch-Tacos

2 Portionen

- 125 g fettreicher Fisch (z. B. Graved Lachs, Räucherforelle)
- 2 Mais-Tacos
- 2 EL geriebener Käse (Mozzarella, Gouda, Cheddar)
- ½ reife Avocado, in dünne Scheiben geschnitten
- Maiskörner (optional)
- Rucola oder anderer Blattsalat

Pikante Bohnenpaste

- 175 g gekochte weiße Bohnen
- Limettensaft
- 2 EL natives Olivenöl extra (oder Rapsöl)
- ½ TL gehackter Knoblauch
- 1 kleine gehackte Zwiebel
- 2 EL gehackte Petersilie
- 1 EL gehackter Koriander
- ½ EL (oder mehr) Jalapeño-Chili (oder normaler grüner Chili)
- je 1 Prise Kreuzkümmel und Zimt
- 1 TL stark entölter Kakao (optional)
- Salz und Pfeffer mit 1 Prise Kurkuma

Für die Bohnenpaste alle Zutaten im Mixer, ggf. unter Zugabe von etwas Wasser, glatt pürieren. Die Chili-Menge nach Geschmack anpassen. Fisch (ohne Haut) in Streifen schneiden. Tacos ein paar Minuten im Ofen aufbacken. Mit je 1 Esslöffel Bohnenpaste füllen, 1 Esslöffel Käse darüberstreuen, anschließend die übrigen Füllungszutaten daraufgeben. Servieren.

Guacamole

4–6 Portionen

- 1 Knoblauchzehe
- 2 große Tomaten
- 2 reife Avocados
- 2 EL Limetten- oder Zitronensaft
- 2 EL natives Olivenöl extra
- 1–2 EL Tomatensauce (optional)
- 2 Frühlingszwiebeln, fein gehackt
- frischer Koriander (optional)
- Meersalz
- Tabasco (optional)

Den Knoblauchkeim entfernen und die Zehe fein hacken oder zerdrücken. Tomaten entkernen, sofern gewünscht, und fein würfeln. Avocadofleisch, Limettensaft und Öl mit einer Gabel gut zerdrücken. Tomatensauce, Frühlingszwiebeln, Koriander und die Tomatenwürfel zugeben und gründlich mischen. Mit Meersalz und Tabasco abschmecken. Zusammen mit Tortilla-Chips servieren oder als Sandwich-Creme verwenden. In einem luftdicht verschlossenen Behälter kühl aufbewahren.

Guacamole
Fisch-Tacos
Tortilla-Wrap mit Huhn

Hüttenkäse-Dip

4 Portionen

- 2 EL gehackte Zwiebel
- 375 g Hüttenkäse
- Olivenöl
- 4 EL fettarmer Naturjoghurt
- Chilipulver oder mexikanische Chilisauce
- 1 Prise Thymian
- Petersilie
- feines Meersalz
- Limettenschale, gehackt

Zwiebel einige Minuten in Öl andünsten. Alle Zutaten mit einer Gabel verrühren oder im Mixer verarbeiten (Letzteres ergibt eine cremigere Konsistenz). Abschmecken. In einem luftdicht verschlossenenen Behälter im Kühlschrank aufbewahren.

Mango-Salsa

4 Portionen

- 1 reife Mango
- 1/2 rote Paprika
- 1 Tomatillo (evtl. aus der Dose)
- 1–2 EL gehackte rote Zwiebel
- 1 TL Olivenöl
- 2 EL Limettensaft
- 1 EL Tomatenketchup
- 1 TL fein gehackter Jalapeño-Chili (oder normaler grüner Chili)
- frischer Koriander
- frisches Basilikum oder Minze
- Salz und Pfeffer mit 1 Prise Kurkuma

Mango, Paprika und Tomatillo fein würfeln und in eine Schüssel geben. Zwiebel, Olivenöl, Limettensaft, Ketchup und Chili unterrühren. Kräuter fein hacken und im letzten Moment zugeben. Abschmecken. In einem luftdichten Behälter im Kühlschrank aufbewahren.

Tomatillo-Salsa

4 Portionen

- 4 Tomatillos (evtl. aus der Dose)
- 1 EL gehackte rote Zwiebel
- frischer Koriander, fein gehackt
- 1 TL fein gehackter Jalapeño-Chili (oder normale grüne Chili)
- Limettensaft
- Rapsöl
- Salz und Pfeffer mit 1 Prise Kurkuma

Tomatillos unten einschneiden. 5 Minuten in kochendem Wasser überbrühen, dann abkühlen lassen und schälen. Das Fruchtfleisch würfeln und in eine Schüssel geben. Zwiebel, Koriander, Chili, Limettensaft, Öl, Salz und Pfeffer zugeben. Gut umrühren und abschmecken.

Tipp

Diese Saucen kann man z. B. als Dip zu Rohkost oder Tortilla-Chips reichen. Oder auf Cracker streichen und mit kleinen Garnelen, etwas Räucherforelle oder Lachs belegt servieren.

Tomatillo-Salsa
Hüttenkäse-Dip
Mango-Salsa

Vegetarischer Burger
mit Kurkuma

4 Portionen

- 1 Perlzwiebel, gehackt
- 1 Knoblauchzehe, gehackt
- Olivenöl
- 175 g Kichererbsen aus der Dose
- 175 g weiße Bohnen aus der Dose
- 4 EL Sonnenblumen- und Kürbiskerne
- 2 EL gemahlener Leinsamen
- 2 EL frische Petersilie
- 1 TL frischer Koriander
- 1 EL frische Minze
- 1 TL Kreuzkümmel
- 1 TL Kurkuma
- schwarzer Pfeffer
- 1 Prise Cayennepfeffer
- feiner Weizengrieß

Zwiebel und Knoblauch einige Minuten in etwas Öl andünsten. In einen Mixer geben. Alle übrigen Zutaten (außer Grieß) zufügen und zu einer glatten Masse verarbeiten. Würzen. Zu 4 Bratlingen formen und 30 Minuten kalt stellen. Etwas Olivenöl in einer Grillpfanne erhitzen. Die Bratlinge in Grieß wenden und im Öl auf jeder Seite 4 bis 5 Minuten goldbraun braten. In einem Vollkorn-Hamburgerbrötchen mit Salat, frischen Gemüsestreifen und Mayonnaise servieren.

Chili-Fischburger
mit Zitrone

4 Portionen

- 1 Schalotte, fein gehackt
- natives Olivenöl extra
- 500 g Seelachs-, Rotbarsch-, oder Lachsfilet
- 1 Ei, verquirlt
- 4 EL Semmelbrösel
- rote Chili, fein gehackt (nach Geschmack)
- 1 TL abgeriebene Zitronenschale
- 1 EL frisch gehackte Petersilie
- 1 EL frisch gehackter Koriander
- 1 TL frisch gehackter Schnittlauch
- Salz
- feiner Maisgrieß

Schalotte einige Minuten in Olivenöl andünsten. Den Fisch fein hacken. Alle Zutaten (außer Grieß) in einer Schüssel gut mischen. Würzen. Zu 4 Frikadellen formen und 30 Minuten kalt stellen. Etwas Olivenöl in einer Grillpfanne erhitzen. Die Frikadellen in Grieß wenden und im Öl auf jeder Seite 3 bis 4 Minuten goldbraun braten. In einem Vollkorn-Hamburgerbrötchen mit Salat, einer Scheibe Käse, Ananas- oder Orangenscheiben und einer Sauce nach Wahl servieren.

Vegetarischer Burger
mit Kurkuma
Chili-Fischburger
mit Zitrone

Vegetarisches Clubsandwich
mit gebratenem Tofu

5–6 Portionen

- 1 Stück fester Tofu
- 2 Frühlingszwiebeln, in Ringe geschnitten
- Rapsöl
- Worcester- oder Hoisinsauce (Asia-Laden)
- Weizenvollkorntoast

Kräuter-Chutney

- 1 kleine weiße Rübe
- 1 Mango, gewürfelt
- 1 Zwiebel, gehackt
- 2 Knoblauchzehen, fein gehackt
- Kokosraspel
- 1 Bund Minze, gehackt
- 1 Bund Koriander, gehackt
- frische Petersilie, gehackt
- 2 EL natives Olivenöl extra
- 1 EL Zitronensaft
- 1 TL Currypulver
- Salz und Pfeffer mit 1 Prise Kurkuma

Scharfes Mandelmus

- 2 EL ungesüßtes Mandelmus
- 1/4 TL Chilipaste (Sambal Oelek) oder ein paar Tropfen Tabasco
- frische Petersilie, gehackt

Garnierung

- frisches Gemüse (z. B. Gurke, Radieschen)

Tofu in dünne Scheiben schneiden und trocken tupfen. Frühlingszwiebeln in Rapsöl andünsten. Tofuscheiben zufügen und auf beiden Seiten braun braten. Mit etwas Hoisin- oder Worcestersauce beträufeln und warm halten.

Für das Chutney die Rübe in Scheiben schneiden und in kochendem Wasser 5 Minuten garen. Mango, Zwiebel, Knoblauch, Kokos, Kräuter, Olivenöl, Zitronensaft und die Rübe im Mixer zu einem groben Püree verarbeiten, dabei je nach Konsistenz etwas Wasser zugeben. Mit Curry, Salz und Pfeffer würzen.

Die Zutaten für das scharfe Mandelmus gut miteinander verrühren.

Für die mehrstöckigen Clubsandwiches die Brotscheiben auf einer Seite mit dem Mandelmus bestreichen. Gebratene Tofuscheiben mit Frühlingszwiebeln darauflegen, etwas Chutney darübergeben und mit Gemüsescheiben belegen. Die Sandwichschichten mit Zahnstochern zusammenhalten.

Hinweis

Das Mandelmus kann durch Erdnussbutter ersetzt werden. Für eine mediterrane Clubsandwich-Variante stattdessen eingelegte getrocknete Tomaten und etwas Knoblauch pürieren, den Tofu mit Basilikum, Rosmarin und Oregano in Olivenöl braten und mit Rucola und Parmesan garnieren.

Für ein lykopinhaltiges Chutney die Mango durch eine Fleischtomate, die Kokosraspel durch Pinienkerne und die Minze durch Basilikum ersetzen.

Vegetarisches Clubsandwich
mit gebratenem Tofu

Mini-Pizza

mit Kirschtomaten

4–6 Portionen

Pizzateig

300 g Weizenmehl, gesiebt (plus etwas Mehl für die Arbeitsfläche)
½ TL Salz
1 Prise Zucker
15 g Hefe
4 EL lauwarme Milch
2 EL Olivenöl

Belag

1 Handvoll schwarze (Kalamata-)Oliven
10–15 Kirschtomaten
6–8 rote Perlzwiebeln
4–6 Knoblauchzehen
frische Kräuter nach Geschmack (Rosmarin, Estragon, Basilikum, Oregano)
1 TL Sardellenpaste (optional)
2 EL Olivenöl
Salz und Pfeffer

Mehl, Salz und Zucker in einer Schüssel mischen, in die Mitte eine Vertiefung drücken. Hefe in 2 Esslöffeln lauwarmem Wasser in einer Tasse auflösen. In die Vertiefung geben und untermischen. Milch und Olivenöl zugeben und alles zu einem glatten Teig verkneten. In eine Schüssel legen und mit einem Geschirrtuch oder Frischhaltefolie abgedeckt an einem warmen Ort 2 bis 3 Stunden gehen lassen.

Unterdessen für den Belag die Oliven entsteinen und klein schneiden. Tomaten halbieren. Perlzwiebeln in dünne Spalten und Knoblauch in dünne Scheiben schneiden. Kräuter hacken. Alles in eine Schüssel geben (wer mag, Sardellenpaste zufügen), mit Olivenöl beträufeln und gut umrühren. Mit Salz und Pfeffer würzen und kalt stellen.

Den gut aufgegangenen Teig in 4 bis 6 Portionen teilen, ausrollen und von der Mitte her zu den Ecken drücken, um Quadrate zu formen. Auf ein Blech legen und den Belag darauf verteilen. Im vorgeheizten Ofen bei 200 °C goldbraun backen. Für einen dünneren Teig nur die Hälfte des Rezepts verwenden und den Rest einfrieren.

Hinweis

Der Teig lässt sich sehr gut einfrieren. Für eine Vorspeise ganz kleine Pizzen zubereiten oder die fertige Pizza in Häppchen schneiden. Der Belag kann am Vortag vorbereitet und über Nacht kalt gestellt werden. Auch küchenfertiger Pizzateig kann eine praktische Alternative sein.

Mini-Pizza mit Kirschtomaten

Frühlingsrollen

mit Gemüse und Forelle

4–6 Portionen

- 2 getrocknete (oder frische) Shiitake-Pilze
- Reis-Vermicelli (oder Fadennudeln)
- 1 kleine Karotte, in Stifte geschnitten
- 1 Frühlingszwiebel, gehackt
- 1 Knoblauchzehe, fein gehackt
- Bohnensprossen, gehackt (optional)
- 2 EL gehackte Bambussprossen
- Pflanzenöl
- 1 Schuss chinesischer Kochwein oder trockener Sherry
- 75 g gegartes Forellenfilet
- 1 TL Honig
- 1 TL Fischsauce
- 1/2 TL Sesamöl
- frische Minze, gehackt (optional)
- Frühlingsrollen- oder Brickteigblätter

Wenn getrocknete Shiitake-Pilze verwendet werden, diese zunächst in warmem Wasser einweichen. Vermicelli ebenfalls in heißem Wasser einweichen (aber in einem separaten Gefäß) und abgießen, in kochendem Wasser 2 bis 3 Minuten garen, dann unter kaltem Wasser abspülen, abtropfen lassen und in eine Schüssel geben. Pilze trocken tupfen und in dünne Streifen schneiden. Karotte, Frühlingszwiebel, Knoblauch, Sprossen und die Pilze in etwas Öl 2 Minuten anbraten und mit Wein ablöschen. Zu den Nudeln geben. In Würfel geschnittenes Forellenfilet zufügen. Honig, Fischsauce, Sesamöl und Minze in einer Schüssel verquirlen. Über die Nudelmischung geben und gut umrühren.

Für die Frühlingsrollen die Teigblätter am Rand mit Wasser befeuchten und die Nudel-Gemüse-Fisch-Mischung auf die Mitte geben. Die Seiten der Teigplatten zur Mitte über die Füllung falten, dann zu einer Rolle aufrollen. Die Ränder gut zusammendrücken. Die Rollen portionsweise 6 bis 8 Minuten in nicht zu heißem Öl braten oder frittieren. Auf Küchenpapier abtropfen lassen. Mit dem Dip (siehe unten) servieren.

Dip

- 1 Knoblauchzehe, fein gehackt
- 1 Messerspitze fein gehackte rote Chili
- 1 EL Traubenkernöl
- 1 EL Erdnussbutter (oder Mandelmus)
- 1 EL Zitronensaft
- 1 EL Fischsauce (oder Sojasauce)
- 1 TL Honig (nach Geschmack)
- Gemüsebrühe oder grüner Bancha- oder Sencha-Tee

Alle Zutaten – bis auf die Brühe und den Tee – im Mixer oder mit dem Schneebesen gut verrühren. Nach Geschmack mehr oder weniger Chili verwenden. Anschließend so viel Gemüsebrühe oder grünen Tee zufügen, bis die Cremigkeit des Dips stimmt.

Hinweis

Die Erdnussbutter kann durch Kokoscreme ersetzt werden. Die Rollen lassen sich auch gut mit getrockneten Reispapierblättern zubereiten (vor Gebrauch einweichen).

Frühlingsrollen mit Gemüse und Forelle

Falafel

4–6 Portionen

- 200 g gekochte Kichererbsen
- 50 g gekochte Sojabohnen
- 3 EL gehackte Minze
- frische glatte Petersilie
- frischer Koriander
- 2 Knoblauchzehen, fein gehackt
- 1 Schalotte, gehackt
- 1 TL gemahlener Koriander
- 1/2 TL gemahlener Kreuzkümmel
- 1 Prise Cayennepfeffer
- 1 TL Backpulver
- 1 TL Kamut- oder Vollkornweizenmehl
- 50 g Semmelbrösel
- Salz und frisch gemahlener Pfeffer
- Pflanzenöl zum Frittieren

Sauce

- Tahini (Sesammus; Asia-Laden)
- Naturjoghurt
- Zitronensaft
- natives Olivenöl extra
- feines Meersalz

Kichererbsen und Sojabohnen unter kaltem Wasser abspülen, abtropfen lassen und in den Mixer geben. Kräuter, Knoblauch und Schalotte zufügen und zu einer Masse verarbeiten. Gewürze, Backpulver, Mehl und Semmelbrösel untermischen und mit Salz und Pfeffer würzen. Öl in einer Pfanne oder Fritteuse erhitzen. Die Masse mit einem Löffel zu walnussgroßen Kugeln formen und diese jeweils 1 bis 2 Minuten im Öl ausbacken. Auf Küchenpapier abtropfen lassen.
Für die Sauce einen Teil Tahini mit einem Teil Joghurt verrühren. Zitronensaft, 1 Schuss Olivenöl und 1 Prise Meersalz unterrühren. Abschmecken und zu den Falafeln reichen.

Auberginencreme
im Pitabrot

4–5 Portionen

- 1 kleine Aubergine (200 g)
- 1 kleine Knoblauchzehe, zerdrückt
- Zitronensaft
- 1 Prise Kreuzkümmel
- 1 EL gemahlener Leinsamen
- 2 EL natives Olivenöl extra
- 4 EL frisch gehackte Petersilie
- 1 EL Tahini (Sesammus)

Aubergine längs halbieren und mit einer Gabel einstechen. Auf ein mit Backpapier ausgelegtes Blech legen und im vorgeheizten Ofen bei 200 °C 30 bis 35 Minuten backen. Das Fruchtfleisch mit einem Löffel aus der Schale lösen und in den Mixer geben. Die restlichen Zutaten mit Ausnahme des Tahini zugeben. Zu einem glatten Püree verarbeiten, dabei das Tahini nach und nach teelöffelweise zugeben. Abschmecken und nach Wunsch noch etwas Zitronensaft oder Tahini zufügen. In einem luftdichten Behälter im Kühlschrank aufbewahren. Als Füllung für Pitabrote oder als Dip zu Rohkost servieren.

Falafel
Auberginencreme

Dip
mit Tomaten und Röstpaprika

4 Portionen

- 1 rote Paprika
- 6 getrocknete Tomatenhälften
- 1 kleine Knoblauchzehe, zerdrückt
- 1 TL gemahlener Leinsamen
- 4 EL saure Sahne
- frische Petersilie, gehackt (optional)
- 1 EL natives Olivenöl extra
- 1 TL Zitronensaft
- Pfeffer mit 1 Prise Kurkuma
- Salz

Paprika halbieren und unter dem Backofengrill 4 bis 5 Minuten rösten. Kurz abkühlen lassen, dann häuten. Tomaten in heißem Wasser einweichen oder in Öl eingelegte Tomaten verwenden. Alle Zutaten im Mixer zu einer glatten Creme verarbeiten. Abschmecken. Bis zum Servieren kalt stellen.

Schokodip
würzig-scharf

4 Portionen

- 1 TL stark entölter Kakao
- 1 EL Erdnussbutter
- 175 g Tofu
- 1 TL Honig (optional)
- 1/4–1/2 TL Chilipaste
- oder ein paar Tropfen Tabasco
- Zimt
- gemahlener Kreuzkümmel

Alle Zutaten im Mixer zu einer glatten Creme verarbeiten. Abschmecken. In einem luftdichten Behälter im Kühlschrank aufbewahren.

Dip
mit Spinat und Brunnenkresse

6 Portionen

- 20 g Brunnenkresse, gehackt
- 20 g junge Blattspinat, gehackt
- 1 TL gehackte Schalotte
- 175 g Seidentofu
- 1 EL Zitronensaft
- 1 EL helle Sojasauce
- 1/2 TL frisch geriebener Ingwer (optional)
- 1 EL natives Olivenöl extra
- Salz und Pfeffer

Kresse, Spinat und Schalotte nach Wunsch einige Minuten in Öl andünsten. Anschließend alle Zutaten im Mixer zu einer glatten Creme verarbeiten. Abschmecken. In einem luftdichten Behälter im Kühlschrank aufbewahren. Kurz vor dem Servieren mit Kurkuma bestreuen.

Schokodip
würzig-scharf
Dip mit Spinat
und Brunnenkresse
Dip mit Tomaten
und Röstpaprika

Zitronen-Minze-Bohnendip

6 Portionen

175 g gekochte weiße Bohnen
5 EL saure Sahne oder fettarmer Naturjoghurt
1 Bund frische Minze
2 EL Zitronensaft
4 EL natives Olivenöl extra
Salz und Pfeffer

Bohnen unter kaltem Wasser abspülen, anschließend alle Zutaten im Mixer zu einer glatten Creme verarbeiten, dabei je nach gewünschter Konsistenz ggf. noch saure Sahne oder Joghurt zugeben. Abschmecken. In einem luftdichten Behälter im Kühlschrank aufbewahren.

Tipp

Der Dip kann auch mit anderen Bohnensorten (z. B. Kidneybohnen oder schwarzen Bohnen) zubereitet werden, die sehr delikat schmecken und zudem eine farbenreichere Variante darstellen. Mit frischen Kräutern garniert und mit Paprika bestreut servieren.

Japanischer Wasabi-Dip

4 Portionen

150 g Seidentofu
2 EL Mayonnaise
2 EL Naturjoghurt
1 TL Wasabi-Pulver
1 TL Limettensaft
2 EL frisch gehackte Petersilie
Meersalz

Alle Zutaten im Mixer zu einer glatten Creme verarbeiten. Die Wasabi-Menge nach Geschmack anpassen. Den Dip mit dünnen Hijiki-Algen (Asia-Laden) oder mit geriebenem Meerrettich garniert servieren.

Zitronen-Minze-Bohnendip
Japanischer Wasabi-Dip

Chips
mit Kurkuma und Olivenöl

2 Portionen

natives Olivenöl extra
Kurkuma
gemahlener schwarzer Pfeffer
festkochende Kartoffeln
feines Meersalz

Backofen auf 175 °C vorheizen. Olivenöl, Kurkuma und Pfeffer in einer kleinen Schüssel verrühren und beiseitestellen. Kartoffeln in dünne Scheiben hobeln und mit Küchenpapier trocken tupfen. Einen Teil der Ölmischung auf einem mit Backpapier ausgelegten Blech verstreichen. Die Kartoffelscheiben eng nebeneinander darauflegen und mit dem Rest des Öls bepinseln. Im Ofen 30 bis 40 Minuten goldbraun backen (zwischendurch eine Auge darauf werfen), dabei nach der Hälfte der Backzeit das Blech um 180 ° drehen. Die noch heißen Chips mit Salz bestreuen. Abkühlen lassen und servieren.

Popcorn
mit Kurkuma-Pfeffer-Butter

2 Portionen

3 EL Butter
1 TL Kurkuma
frisch gemahlener Pfeffer
1 Prise Cayennepfeffer oder Chilipulver
feines Meersalz
100 g Popcornmais
1 EL geklärte Butter
Zitronensaft

3 Esslöffel Butter in einem kleinen Topf zerlassen. Kurkuma, schwarzen Pfeffer, Cayennepfeffer und 1 Prise Salz unterrühren und beiseitestellen. Popcorn in einer Popcornmaschine zubereiten oder geklärte Butter in einem Suppentopf auf mittelhoher Stufe erhitzen. Zur Temperaturprobe 1 Esslöffel Popcornmais hineingeben. Wenn alle Körner aufzuplatzen beginnen, den restlichen Mais zugeben und abgedeckt unter gelegentlichem Rütteln des Topfes 7 bis 9 Minuten erhitzen (oder bis die Knallgeräusche nachlassen). Vom Herd nehmen und abgedeckt 2 Minuten ruhen lassen. Dann in eine Schüssel geben und die zerlassene Gewürzbutter untermischen. Nach Geschmack salzen, mit Zitronensaft beträufeln und servieren.

Cashewkerne
mit Zimt und Ahornsirup

2 Portionen

100 g ungesalzene Cashewkerne
1 Eiweiß
2 TL Ahornsirup
1 Prise gemahlene Nelken
gemahlener Zimt
½ TL Traubenkernöl

Cashewkerne ohne Fett ein paar Minuten in der Pfanne anrösten. Eiweiß in einer Schüssel leicht schlagen. Cashewkerne und Ahornsirup unterrühren. Mit Nelken und großzügig mit Zimt bestreuen und gut mischen. Die Kerne zurück in die Pfanne geben und in Öl weitere 3 bis 4 Minuten rösten oder auf einem mit Backpapier ausgelegten Blech im vorgeheizten Ofen bei 175 °C goldbraun backen.

Kerne zum Knabbern

mit Tamari-Sauce und Fünf-Gewürze-Mischung

2 Portionen

- 150 g Sonnenblumen- und Kürbiskerne
- 2 TL Tamari-Sauce (japanische Sojasauce)
- 1 TL natives Olivenöl extra (optional)
- Fünf-Gewürze-Pulver (Asia-Laden)

Kerne in einer Pfanne ohne Fett bei mittlerer Hitze anrösten. Herunterschalten und Tamari-Sauce sowie Olivenöl unterrühren. Vom Herd nehmen und mit Fünf-Gewürze-Pulver bestreuen. Abkühlen lassen. In einem luftdichten Behälter oder portionsweise in Gefrierbeuteln eingeschweißt kühl aufbewahren.

Erdnüsse

mit Kurkuma

2 Portionen

- 100 g ganze Erdnusskerne
- 1 EL Traubenkernöl
- Kurkuma
- frisch gemahlener schwarzer Pfeffer
- 1 Prise Kreuzkümmel
- Rosenpaprika, Chili-Gewürze oder Tabasco
- feines Meersalz

Erdnüsse in einer Pfanne ohne Fett bei mittlerer Hitze anrösten. Traubenkernöl unterrühren. Kurkuma, Pfeffer, Kreuzkümmel und Paprika bzw. Tabasco nach Geschmack zufügen und gut umrühren. Salzen. Vom Herd nehmen und abkühlen lassen. In einem luftdichten Behälter oder als praktische Snacks in Gefrierbeuteln eingeschweißt kühl aufbewahren.

Pekannüsse

und Mandeln mit Gewürzbutter

2 Portionen

- 50 g ganze Pekannusskerne
- 50 g ganze blanchierte Mandeln
- 50 g Butter
- 1 EL Olivenöl
- 1 Prise Kurkuma
- 1 Prise Kreuzkümmel
- gemahlener schwarzer Pfeffer
- 1 Prise Cayennepfeffer
- feines Meersalz

Backofen auf 150 °C vorheizen. Pekannüsse und Mandeln in einer Pfanne ohne Fett bei mittlerer Hitze anrösten. Butter, Öl und die Gewürze zugeben und gut mischen. Auf einem mit Backpapier ausgelegten Blech 30 Minuten im Ofen backen. Abkühlen lassen. In einem luftdichten Behälter oder als praktische Snacks in Gefrierbeuteln eingeschweißt kühl aufbewahren.

Smoothies

Heidelbeer-Smoothie mit Ahornsirup
pro Portion

- 50 g Heidelbeeren
- 1/2 Banane, klein geschnitten
- 2 EL Sojamilch
- 1 EL Ahornsirup
- 1 Kugel Sojaeiscreme Vanille
- zerstoßenes Eis

Heidelbeeren, Banane, Sojamilch und Ahornsirup im Mixer auf kleiner Stufe 30 Sekunden pürieren, dann 30 bis 60 Sekunden lang das Tempo stufenweise hochschalten. Sojaeiscreme zufügen und alles zu einem glatten Shake verarbeiten. Nach Wunsch mit zerstoßenem Eis servieren.

Cranberry-Pfirsich-Smoothie
pro Portion

- 1 EL tiefgekühlte Cranberrys
- 1 EL getrocknete Cranberrys
- 1 Pfirsich, klein geschnitten
- 1 EL Orangensaftkonzentrat (oder evtl. Fruchtsirup)
- 125 g Seidentofu
- einige Tropfen Vanilleextrakt
- Honig

Cranberrys, Pfirsich, Orangensaft und Seidentofu im Mixer auf kleiner Stufe 30 Sekunden pürieren, dann 30 bis 60 Sekunden lang das Tempo stufenweise hochschalten. Vanilleextrakt zufügen und alles zu einem glatten Shake verarbeiten. Nach Geschmack süßen und mit zerstoßenem Eis servieren.

Grüntee-Melonen-Smoothie
pro Portion

- 150 g Seidentofu oder fettarmer Naturjoghurt
- 1 Scheibe (2 cm dick) Honigmelone
- 15 grüne Weintrauben
- 1 EL Zitronen- oder Limettensaft
- 1 TL Matcha-Teepulver

Alle Zutaten im Mixer auf kleiner Stufe 30 Sekunden pürieren, dann eine Minute lang stufenweise das Tempo hochschalten und alles zu einem glatten Shake verarbeiten. Nach Geschmack mit zerstoßenem Eis servieren.

Himbeer-Schoko-Smoothie
pro Portion

- 15 Himbeeren
- 1/2 EL Himbeersaftkonzentrat (oder evtl. Fruchtsirup)
- 2 TL Mandelmus
- 10 g Bitterschokolade, geschmolzen
- 125 ml Schokoladensojamilch
- zerstoßenes Eis

Himbeeren, Himbeerkonzentrat, Mandelmus, Schokolade und etwas Sojamilch im Mixer auf kleiner Stufe 30 Sekunden pürieren, dann 30 bis 60 Sekunden lang das Tempo stufenweise hochschalten. Die restliche Sojamilch zufügen und alles zu einem glatten Shake verarbeiten. Eis zugeben und nochmals 5 Sekunden mixen.

Cranberry-Pfirsich-Smoothie
Heidelbeer-Smoothie mit Ahornsirup

Smoothies

Eiskaffee-Smoothie, pro Portion

250 ml Kaffee
2 Kugeln Sojaeiscreme Vanille
zerstoßenes Eis

Den gebrühten Kaffee abkühlen lassen und 1 Stunde in den Kühlschrank stellen. Kaffee und Eiscreme im Mixer auf kleiner Stufe 30 Sekunden mischen, dann 30 bis 60 Sekunden lang das Tempo stufenweise hochschalten und die Zutaten zu einem glatten Shake verarbeiten. Eis zugeben und nochmals 5 Sekunden mixen.

Hinweis

Für eine Mochaccino-Variante 1 Stück Bitterschokolade im heißen Kaffee schmelzen lassen. Für den Kaffee-Smoothie kann auch normales Vanilleeis verwendet werden, für den Mocchacino ist es aber weniger geeignet, da Kuhmilchprodukte die positive Wirkung der Schokolade verringern.

Erdbeer-Smoothie, pro Portion

6–7 reife Erdbeeren, klein geschnitten
1/2 Banane, klein geschnitten
4 EL Naturjoghurt
1 EL gemahlener Leinsamen
einige Tropfen Vanilleextrakt
Honig
zerstoßenes Eis

Erdbeeren, Banane, Joghurt und Leinsamen im Mixer auf kleiner Stufe 30 Sekunden pürieren, dann 30 bis 60 Sekunden lang das Tempo stufenweise hochschalten und alles zu einem glatten Shake verarbeiten. Vanilleextrakt, Honig und Eis zugeben und nochmals 5 Sekunden mixen.

Zitrusfrüchte-Smoothie, pro Portion

1 große Orange, in Spalten geschnitten
1 Kaki, klein geschnitten
2 EL Zitronensaft
1 EL Limettensaft
1/2 TL Rosenwasser
1 Kugel (Joghurt-)Eiscreme Vanille
zerstoßenes Eis

Orange, Kaki, Zitronensaft, Limettensaft und Rosenwasser im Mixer auf kleiner Stufe 30 Sekunden pürieren, dann 30 bis 60 Sekunden lang das Tempo stufenweise hochschalten. Eiscreme zufügen und alles zu einem glatten Shake verarbeiten. Zerstoßenes Eis zugeben und nochmals 5 Sekunden mixen.

Mango-Heidelbeer-Smoothie, pro Portion

1 Scheibe Mango, klein geschnitten
3 reife Erdbeeren, klein geschnitten
30 g Heidelbeeren
125 g Naturjoghurt
einige Tropfen Vanilleextrakt
Honig
zerstoßenes Eis

Mango, Erdbeeren, Heidelbeeren und Joghurt im Mixer auf kleiner Stufe 30 Sekunden pürieren, dann 30 bis 60 Sekunden lang das Tempo stufenweise hochschalten und alles zu einem glatten Shake verarbeiten. Vanilleextrakt, Honig und Eis zugeben und nochmals 5 Sekunden mixen.

Zitrusfrüchte-Smoothie
Erdbeer-Smoothie
Eiskaffee-Smoothie

Grüner Tee

Grüner Tee mit Fruchtsaft für Kinder pro Portion

- 1 TL Blätter grüner Tee
- 250 ml Wasser
- Apfelsaft
- Cranberry-Saft
- Karottensaft
- Ananassaft
- Traubensaft

Wasser zum Kochen bringen, auf 70 °C abkühlen lassen und über die Teeblätter gießen. Für eine optimale gesundheitsförderliche Wirkung den Tee 8 bis 10 Minuten ziehen lassen. Eine Portion Tee mit einer Portion Fruchtsaft (ohne Zuckerzusatz; am besten aus frischen Früchten selbst gepresst) mischen.

Hinweis

Bei sehr kleinen Kindern ist gewisse Vorsicht geboten. Bevorzugt dekoffeinierten grünen Tee verwenden. Ansonsten diese Fruchtsafttees nur vormittags und in einer an die Größe des Kindes angepassten Menge anbieten. Grüner Tee enthält deutlich weniger Koffein als viele kommerzielle Cola-, Eistee- und Schokoladengetränke.

Grüner Chai-Tee, 2 Portionen

- 2 Kardamomkapseln
- 1 Zimtstange
- ½ TL frisch geriebener Ingwer
- 1 TL Vanilleextrakt
- 625 ml Wasser
- 2 gehäufte TL grüne Teeblätter
- Honig (nach Geschmack)
- Kuh- oder Sojamilch (optional)

Kardamom und Zimt im Mörser zerstoßen. Mit Ingwer und Vanilleextrakt in das kochende Wasser geben. 1 Stunde ziehen lassen, durch ein Sieb geben und erneut zum Kochen bringen. Auf 70 °C abkühlen lassen, dann über die grünen Teeblätter gießen. 8 bis 10 Minuten ziehen lassen, nach Geschmack süßen und nach Wunsch kalte oder heiße Milch zufügen.

Grüner Tee mit Zitrusfrüchten 2 Portionen

- 1 EL Orangenschale
- 1 EL Zitronenschale
- 1 Nelke
- 1 Prise Zimt
- 1 Prise Piment
- 2 TL grüne Teeblätter
- 625 ml Wasser

Den Tee ebenso zubereiten wie den Chai-Tee (s. oben).

Grüner Zimtapfel-Tee, 2 Portionen

- 250 ml Apfelsaft
- 1 Zimtstange
- 375 ml Wasser
- 2 TL grüner Tee
- Honig (nach Geschmack)

Apfelsaft mit der Zimtstange auf kleiner Stufe erhitzen, bis das gewünschte Zimtaroma erreicht ist. Zimtstange entfernen. Tee mit 70 °C heißem Wasser aufgießen, 8 bis 10 Minuten ziehen lassen und zum Apfelsaft geben. Nach Geschmack süßen.

Grüner Tee
mit Fruchtsaft

Eistee
mit Zitrone und Minze

4 Portionen

4 TL grüner Tee
frische Minzeblätter
1 l Wasser
Honig (nach Geschmack)
Saft und Schale von 2 Zitronen
Eiswürfel

Grünen Tee und Minzeblätter mit 70 °C heißem Wasser überbrühen, 8 bis 10 Minuten ziehen lassen, abgießen, nach Geschmack süßen und kalt stellen. Zitronenschale in 1 cm breite Streifen schneiden. Den frisch gepressten Zitronensaft über Eiswürfel geben, die Zitronenschale zufügen und mit dem kalten Tee aufgießen. Sofort servieren.

Grüner Tee
mit Minze

2 Portionen

Aus einigen frischen Minzeblättern, 2 TL grünem Tee und 70 °C heißem Wasser einen Tee zubereiten.

Grüner Tee
mit Fenchel

pro Portion

½ TL Fenchelsamen
1 TL grüner Tee

Den Tee ebenso zubereiten wie den Chai-Tee (auf S. 216).

Hinweis

Ätherische Öle wie Orange, Zitrone, Bergamotte, Anis etc. sind hervorragend für grüne Tees geeignet. Ein einziger Tropfen davon (Bioqualität) ist ausreichend, um einen Tee zu aromatisieren und von seiner gesundheitsförderlichen Wirkung zu profitieren.

Grüner Tee
mit Minze

Desserts

Asiatischer Obstsalat

4 Portionen

70 g Zucker
600 ml Wasser
abgeriebene Schale und Saft von 2 Limetten
1 EL abgeriebene Orangenschale
1 Kaffirlimettenblatt, in Streifen geschnitten
1 kräftige Prise Fünf-Gewürze-Pulver
1 TL frisch geriebener Ingwer
$\frac{1}{2}$ TL gemahlener Koriander
frisches Obst (Ananas, Honigmelone, Wassermelone, Mango, Orange, Kiwi, Erdbeeren)
Minzeblätter (optional)

Für den Sirup Zucker bei schwacher Hitze im Wasser auflösen. Limettenschale, Limettensaft, Orangenschale, Kaffirblatt und die Gewürze zufügen, zum Kochen bringen und 10 Minuten köcheln lassen. In einer Schüssel 3 bis 4 Stunden (oder noch besser über Nacht) im Kühlschrank ziehen lassen. Das Obst in mundgerechte Stücke schneiden. Den Sirup darübergießen und nach Wunsch mit Minze garniert servieren.

Hinweis

Kaffirlimettenblätter sind in Asia-Läden erhältlich. Ihr Geschmack erinnert an Zitronenverbene.

Beeren im Teigkörbchen

12–15 Portionen

Frühlingsrollen-(Brickteig-)blätter
zerlassene Butter oder Traubenkernöl
frische Beeren

Puddingcreme

250 ml Milch
50 g Zucker oder Honig
1 TL Vanilleextrakt
3 Eigelb
2$\frac{1}{2}$ EL Stärke
1 TL Butter

Für die Teigkörbchen die Teigblätter mit Butter oder Öl bestreichen, auf die gewünschte Größe schneiden und dekorativ in eingefettete Muffin-Formen legen, dabei immer eine Form Abstand lassen. Je einen Löffel Backbohnen zum Beschweren auf den Teig geben, damit die Körbchen beim Backen ihre Form behalten. Im Ofen bei 175 °C 8 bis 10 Minuten goldbraun backen. Abkühlen lassen. Kurz vor dem Servieren mit der Puddingcreme füllen und mit Beeren garnieren.

Für die Puddingcreme die Milch zum Kochen bringen. Zucker und Vanilleextrakt unterrühren, herunterschalten. Eigelb und Stärke in einer Schüssel mit dem Schneebesen glatt rühren, dann langsam ein Drittel der heißen Milch einrühren. Diese Mischung zurück in den Topf geben, Butter zufügen und unter ständigem Rühren kurz aufkochen lassen. In eine Schale füllen und bis zum Servieren mit Frischhaltefolie abgedeckt kalt stellen.

Asiatischer Obstsalat

Pochierte Zitronenbirne

mit Honig-Aprikosen-Sauce

2 Portionen

- 2 feste Birnen (z. B. Bosc)
- Wasser
- Saft von 1 Zitrone
- Honig oder Fruchtzucker (optional)
- 75 g getrocknete Aprikosen, fein gehackt

Birnen schälen und entkernen, ohne den Stiel zu entfernen. In einen kleinen Topf geben. Wasser mit Zitronensaft und 3 Esslöffeln Honig verrühren. Die Birnen damit bedecken und mit einem Teller beschweren. Zum Kochen bringen, dann herunterschalten und abgedeckt 10 bis 20 Minuten köcheln lassen. Im Garwasser abkühlen lassen.

Für die Sauce 125 ml von dem Garwasser noch einmal zum Kochen bringen. Herunterschalten, Honig und Aprikosen zufügen und ebenfalls einige Minuten köcheln lassen. Die Birnen abtropfen lassen und nach Wunsch quer in Scheiben schneiden. Kurz vor dem Servieren die Honig-Aprikosen-Sauce darübergeben.

Hinweis

Bosc-Birnen haben ein festes, sehr aromatisches Fruchtfleisch, das auch beim Kochen oder Backen seine Form behält.

Rotwein-Birne

mit Ricottacreme

2 Portionen

- 2 feste Birnen (z. B. Bosc)
- Rotwein (oder Marsala)
- Nelken, Zimt und/oder Kardamom (nach Geschmack)
- Honig oder Fruchtzucker (optional)
- 75 g Ricottakäse
- Sahne
- Zimt und Nelken oder Muskat

Birnen schälen und entkernen, ohne den Stiel zu entfernen, in einen kleinen Topf geben, mit Rotwein bedecken und Gewürze nach Geschmack zugeben. Zum Kochen bringen, herunterschalten und 20 bis 30 Minuten köcheln lassen. Die Birnen im Wein abkühlen lassen. Dann herausnehmen, bis kurz vor dem Stielansatz in Spalten schneiden und leicht öffnen, damit sie auf dem Teller besseren Stand haben.

Tipp

Anstelle des Ricottakäses kann auch Mascarpone verwendet werden.

Für die Sauce 250 ml vom Wein, in dem die Birnen gekocht wurden, zum Kochen bringen. Nach Geschmack mit Honig oder Zucker süßen und zu einer dicklichen Sauce einkochen lassen. Über die Birnen geben. Mit gewürzter Ricottacreme servieren: Dazu den Ricotta mit etwas Sahne glatt rühren und mit 1 Prise Zimt und Nelken oder Muskat aromatisieren.

Pochierte Zitronenbirne mit Honig-Aprikosen-Sauce

Parfait

mit Erdbeeren und Kiwi

4 Portionen

- 250 g Schlagsahne (30 %)
- ½ TL Vanilleextrakt
- 2 EL Zucker
- 225 g frische Erdbeeren
- 2 Kiwis
- frische Minzeblätter

Rührschale und Schneebesen für das Schlagen der Sahne 20 Minuten in den Kühlschrank legen. Dessertgläser ebenfalls in den Kühlschrank stellen. Schlagsahne mit Vanilleextrakt und Zucker auf mittlerer Stufe steif schlagen. Mit Frischhaltefolie abgedeckt kalt stellen. Erdbeeren in Scheiben schneiden. Kiwis schälen und ebenfalls in dünne Scheiben schneiden. Für das Parfait die Sahne abwechselnd mit den Erdbeer- und Kiwischeiben in die gekühlten Gläser schichten. Vor dem Servieren mit frischer Minze garnieren.

Apfel im Schlafrock

mit Cranberry-Sauce

6 Portionen

- 6 Äpfel

Teig

- 200 g Mehl
- 75 g Zucker
- 100 g Butter, gewürfelt
- 1 Eigelb
- Milch oder 1 Ei zum Bestreichen

Füllung

- 4 EL getrocknete Cranberrys
- 4 EL Frischkäse

Honigsauce

- 3 EL Honig
- ½ TL Zimt

Cranberry-Sauce

- 250 ml Cranberry-Saft
- 75 g getrocknete Cranberrys
- Honig oder Fruchtzucker (nach Geschmack)

Für den Teig Mehl, Zucker, Butter und Eigelb mit einem Messer mischen, sodass erst eine krümelige Mischung und dann ein Teig entsteht. Mit den Händen zu einer Kugel formen und mit Frischhaltefolie abgedeckt im Kühlschrank 1 Stunde ruhen lassen.

Für die Füllung die Cranberrys sehr klein schneiden bzw. hacken und gut mit dem Frischkäse verrühren. Kerngehäuse der Äpfel ausstechen, die Äpfel in eine nicht eingefettete Auflaufform setzen und die Füllung hineingeben.
Backofen auf 200 °C vorheizen. Den Teig aus dem Kühlschrank nehmen und auf einer bemehlten Arbeitsfläche ausrollen, in Quadrate und dann in Dreiecke schneiden.

Für die Honigsauce Honig und Zimt verrühren. Je 1 Teelöffel über die Äpfel geben. Die Äpfel in die Teigdreiecke einhüllen und mit verquirltem Ei oder Milch bestreichen. Im Ofen 30 Minuten goldbraun backen. Vor dem Servieren eine gute halbe Stunde abkühlen lassen.

Mit der Cranberry-Sauce servieren: Den Saft und die Cranberrys in einem Topf zum Kochen bringen. Bei schwacher Hitze köcheln lassen, bis die Beeren weich sind. Nach Geschmack süßen. Abkühlen lassen und im Mixer pürieren (bei Bedarf noch etwas Wasser zugeben).

Parfait mit Erdbeeren und Kiwi

Schneller Schokoladenpudding

6 Portionen

80–100 g Bitterschokolade (70 % Kakao)
1 TL Butter
3 EL Stärke
750 ml Sojamilch
1 Prise Salz
Honig
Himbeeren

Schokolade und Butter im Wasserbad schmelzen. Stärke in etwas kalter Sojamilch anrühren. Die restliche Sojamilch in einem Topf zum Kochen bringen. Die geschmolzene Schokolade und die angerührte Stärke mit einem Holzlöffel einrühren. Herunterschalten und unter Rühren eindicken lassen. Wer möchte, kann noch mit 1 Prise Salz und Honig abschmecken. Den Topf in kaltem Wasser oder im Kühlschrank abkühlen lassen.
Den Pudding abwechselnd mit Himbeeren oder anderen Beeren in Dessertgläser geschichtet servieren.

Milchreis

indian style

6 Portionen

200 g Risottoreis (Arbori)
1 l Natursojamilch
75 g Sultaninen
1/2 TL Vanilleextrakt
1 Zimtstange
Honig
1 Prise Salz
1 TL Rosenwasser
Mandeln oder Pistazien, gehackt (optional)

Reis, Sojamilch, Sultaninen, Vanilleextrakt, Zimtstange, Honig und Salz in einem Topf zum Kochen bringen. Herunterschalten und 35 bis 40 Minuten köcheln lassen, dabei regelmäßig umrühren, damit der Reis nicht am Boden festklebt. Die dünne Haut, die beim Kochen von Sojamilch entsteht, entfernen. Den Reis probieren und ggf. weiterköcheln, bis er die gewünschte weiche Konsistenz erreicht hat. Mit Rosenwasser aromatisieren und nach Wunsch mit Mandeln oder Pistazien bestreut servieren.

Tipp

Variante: Orangenschale zufügen oder statt Rosenwasser Orangenblütenwasser verwenden. Der Zimt kann durch 1 bis 2 gemahlene Kardamomkapseln ersetzt werden.

Schneller
Schokoladenpudding

Ahornsirup-Baiser

mit Vanilleeis

150–200 g Ahornsirup
4 Eiweiß
(Soja-)Eiscreme Vanille
gehackte Nüsse

Backofen auf 100 °C vorheizen. Ahornsirup in einem kleinen Topf zum Kochen bringen. Die Eiweiß steif schlagen. Den heißen Sirup in kleinen Portionen zugeben und jeweils kräftig unterrühren. Die Masse in einen Spritzbeutel geben. Kreise mit einem erhöhten Rand auf ein mit Backpapier ausgelegtes Blech spritzen. Im Ofen backen, bis der Baiser fest ist. Mit einer Kugel Sojaeiscreme und mit Nüssen garniert servieren. Wer möchte, kann noch ein Baiserhütchen obenauf setzen.

Baiserhütchen

2 Eiweiß
1 Prise Salz
(heller) Ahornsirup

Das Eiweiß mit 1 Prise Salz steif schlagen. Pro Eiweiß 1 Esslöffel zimmerwarmen Ahornsirup zufügen und kräftig unterrühren. Mit einem Spritzbeutel Baiserhütchen auf ein Blech spritzen. Im Ofen bei 100 °C mindestens 2 Stunden backen. In einem luftdichten Behälter aufbewahren.

Hinweis

Für Eischnee zimmerwarme Eier verwenden und das Rührgerät auf höchste Stufe stellen.

Obstküchlein

Heidelbeer- oder Himbeer-Clafoutis

5 Mini-Auflaufformen (Ramequins, Ø 10–13 cm)
Butter
300 g Heidelbeeren oder Himbeeren
4 Eier
1 EL Honig oder Puderzucker
4 EL Milch
4 EL Sahne
einige Tropfen Vanilleextrakt
1 EL Mehl

Backofen auf 200 °C vorheizen. Mini-Quicheformen buttern und die Beeren hineingeben. Eier mit Honig oder Puderzucker verquirlen. Milch, Sahne und Vanilleextrakt untermischen. Unter ständigem Rühren das Mehl dazugeben. Diese Mischung über die Beeren geben. Im Ofen 30 Minuten goldgelb backen. Vor dem Servieren abkühlen lassen.

Ahornsirup-Baiser mit Vanilleeis

Express-Sorbet

2 Portionen

300 g tiefgekühlte Beeren (Himbeeren, Heidelbeeren oder Erdbeeren)
Saft von 1/2 Zitrone
1 Eiweiß
2 EL Honig (nach Geschmack)

Garnierung

1 Riegel Bitterschokolade (70 % Kakao)

Für das Sorbet alle Zutaten im Mixer zu einer glatten Masse verarbeiten. Je nach gewünschter Konsistenz sofort servieren oder noch tiefgefrieren.
Mit der Schokoladengarnierung anrichten: Die Schokolade im Wasserbad schmelzen und in einem Zickzackmuster auf ein Backpapier träufeln oder spritzen. Abkühlen lassen, dann vorsichtig abheben und das Eis damit dekorieren.

Schoko-Windbeutel

mit Sojapuddingcreme

Schoko-Windbeutel

125 ml Wasser
125 ml Vanillesojamilch
1/2 TL Vanilleextrakt
1 TL Honig
10 g Bitterschokolade (70 % Kakao)
125 g Butter
2 1/2 TL stark entölter Kakao, gesiebt
125 g Kamut- oder Weizenvollkornmehl
4 Eier, verquirlt

Sojapuddingcreme

250 ml Vanillesojamilch
50 g Zucker
1/2 TL Vanilleextrakt
3 Eigelb
2 1/2 EL Stärke
1 TL Butter
Matcha-Teepulver (optional)

Schneller Schokoladenguss

50 g Bitterschokolade (70 % Kakao)
1 EL Butter

Backofen auf 175 °C vorheizen. Für die Windbeutel Wasser, Sojamilch, Vanilleextrakt, Honig, Schokolade und Butter in einem Topf zum Kochen bringen. Kakao und Mehl mischen, auf einmal in den Topf geben und mit einem Holzlöffel unterrühren. Wenn der Teig dick wird, herunterschalten und weiterrühren, bis er sich vom Rand löst und eine Kugel bildet. In eine Schüssel geben und löffelweise die Eier unterrühren. Mit einem Spritzbeutel kleine Windbeutel auf ein mit Backpapier ausgelegtes Blech spritzen. Im Ofen backen.
Für die Puddingcreme Sojamilch und Zucker unter Rühren zum Kochen bringen. Vanilleextrakt zufügen, herunterschalten. In einer Schüssel Eigelb und Stärke verquirlen. Langsam ein Drittel der kochend heißen Milch einrühren. Diese Mischung zurück in den Topf geben und auf mittlerer Stufe unter ständigem Rühren fast aufkochen lassen. Butter unterrühren. In eine Schüssel geben und mit Frischhaltefolie abgedeckt kalt stellen.
Zum Servieren die Windbeutel aufschneiden und mit der Creme füllen. Mit Matcha-Pulver bestreuen und mit Schokoladenguss beträufeln: Dafür Bitterschokolade und Butter im Wasserbad bei schwacher Hitze unter Rühren schmelzen. Vom Herd nehmen, bevor sie vollständig flüssig ist, und von der Nachwärme fertig schmelzen lassen. Leicht abgekühlt über die Windbeutel geben.

Express-Sorbet

Schokoladen-Muffins

mit Minze

Joghurt-Muffin-Teig für 15 Mini-Muffins

125 g Weizenvollkornmehl
1 1/2 TL stark entölter Kakao
1/2 TL Backpulver
125 g Zucker
3 TL Traubenkernöl
2 TL Pfefferminzeextrakt
2 EL gehackte Pinienkerne
4 EL fettarmer Naturjoghurt
4 EL fettarme Milch
2 Eiweiß

Schokoladenguss

25 g Bitterschokolade (70 % Kakao)
1 TL Butter
gemahlene Mandeln oder geröstete Kokosraspel

Backofen auf 175 °C vorheizen. Mehl, Kakao und Backpulver zusammen sieben. Zucker, Öl, Minzeextrakt und Pinienkerne in einer Schüssel mischen. Joghurt und Milch unterrühren. Nach und nach die Mehlmischung zugeben und unterrühren. In einer anderen Schüssel die Eiweiße steif schlagen, dann unter den Teig heben. Den Teig in gebutterte und mit Mehl ausgestäubte (oder mit Papierförmchen ausgelegte) Muffin-Formen geben und 20 bis 25 Minuten backen, bis er sich fest anfühlt. 10 Minuten abkühlen lassen, dann aus den Formen lösen und vor dem Servieren vollständig auskühlen lassen.

Für den Guss die Schokolade im Wasserbad bei schwacher Hitze schmelzen. Butter zugeben, zerlassen und unterrühren. Vom Herd nehmen und etwas abkühlen lassen. Den Guss mit einem Palette-Messer auf den Muffins verstreichen und mit Mandeln oder Kokosraspeln bestreuen.

Himbeer-Muffins

Joghurt-Muffin-Teig für 15 Mini-Muffins

125 g Weizenvollkornmehl
1/2 TL Backpulver
125 g Zucker
3 TL Traubenkernöl
1/4 TL Vanilleextrakt
4 EL Himbeerjoghurt
4 EL fettarme Milch
2 Eiweiß
Himbeerkonfitüre
frische Himbeeren

Den Muffin-Teig ebenso zubereiten wie im obigen Rezept für die Schokoladen-Muffins mit Minze beschrieben.
Die Muffin-Formen halb mit Teig füllen, je etwas Himbeerkonfitüre und 1 frische Himbeere in die Mitte geben und mit dem restlichen Teig bedecken. Auf dieselbe Weise backen wie im Rezept oben. Nach Wunsch mit Schokoladenguss glasieren oder mit frischen Himbeeren garnieren.

Himbeer-Muffins
Schokoladen-Muffins
mit Minze

Grüntee-Granita

mit dreierlei Zitrusfrüchten

- 50 ml Limetten-Fruchtsirup
- 200 ml Wasser
- 250 ml Orangensaft
- 250 ml Pink-Grapefruitsaft
- 375 ml starker grüner Sencha-Tee
- Matcha-Teepulver
- flüssiger Honig

Limetten-Fruchtsirup mit gefiltertem Wasser verdünnen. Limetten-, Orangen- und Grapefruitsaft getrennt mit jeweils 125 ml Tee verrühren und in 3 flache Behälter gießen. Im Gefrierschrank 30 bis 60 Minuten tiefgefrieren. Mit einer Gabel durchrühren, um die Eiskristalle gleichmäßig zu verteilen, und weitere 30 Minuten tiefgefrieren. Diesen Vorgang einige Male wiederholen.
Die Granita in gekühlte Dessertschalen geben. Mit Matcha-Teepulver bestreut und mit Honig beträufelt servieren.

Tipp
Die Granita mit frischen Beerenfrüchten (Heidelbeeren, Johannisbeeren, Kirschen) bestreuen.

Müsli-Riegel

Müsliriegel mit Bitterschokolade

- 40 g getrocknete Cranberrys
- 60 g gemischte Nusskerne
- Mehl
- 125 g Butter
- 2 EL Ahornsirup
- 3 EL Honig
- 50–75 g Bitterschokolade (70 % Kakao)
- 1 Prise Salz
- 1 EL Orangenblütenwasser (optional)
- 125 g Haferflocken
- 2 EL Lecithin-Granulat

Backofen auf 175 °C vorheizen. Cranberrys und Nusskerne fein hacken und mit Mehl bestäuben, damit sie nicht zusammenkleben. Butter, Ahornsirup und Honig in einem Topf zerlassen. Schokoladenstücke und 1 Prise Salz zugeben und mit Orangenblütenwasser aromatisieren.
Die restlichen Zutaten zufügen und gründlich mischen. Die Masse auf ein mit Backpapier ausgelegtes Blech geben und zu einer 0,5 cm dicken Schicht (oder nach Wunsch dicker) verstreichen. 30 bis 40 Minuten backen.
Aus dem Ofen nehmen und in Riegel schneiden. In einem luftdichten Behälter aufbewahren oder einzeln in Folie einschweißen.

Gewürz-Müsliriegel

- 60 g Butter
- 75 g Honig
- 175 ml Natursojamilch
- 425 g Müsli mit Nüssen und Rosinen
- 40 g Weizenvollkorn- oder Kamutmehl
- 40 g Sonnenblumenkerne
- 30 g gehackte Mandeln, geröstet
- 1 Prise Zimt
- 1 Prise gemahlene Nelken oder Kardamom
- 1 Prise Salz

Backofen auf 150 °C vorheizen. Butter und Honig in einem Topf zerlassen. Sojamilch, Müsli und Mehl zugeben. Unter Rühren erhitzen, bis ein dicker Brei entsteht. Sonnenblumenkerne, Mandeln, Gewürze und 1 Prise Salz zufügen und gut mischen. Auf ein Blech streichen und 1 Stunde goldbraun backen.
Aus dem Ofen nehmen, in Riegel schneiden und auf einem Gitter abkühlen lassen.

Grüntee-Granita
mit dreierlei Zitrusfrüchten

Kekse

Schokoladenkekse

125 g Weizenvollkorn- oder Kamutmehl
1 gehäufter EL stark entölter Kakao
75 g Butter
1 EL Haselnussöl
2–3 EL Honig
1 Prise Salz

Backofen auf 175 °C vorheizen. Mehl und Kakao in eine Schüssel sieben. Zimmerwarme Butter, Öl, Honig und Salz in einer anderen Schüssel schaumig schlagen. Nach und nach die Mehlmischung unterrühren. Den Teig gut durchkneten. Backpapier auf die Arbeitsfläche legen und den Keksteig mit einem leicht bemehlten Nudelholz darauf ausrollen. Mit einer Ausstechform Kekse ausstechen, auf ein beschichtetes Backblech legen und im Ofen 15 Minuten backen. Auf einem Gitter auskühlen lassen und luftdicht aufbewahren.

Orangenkekse mit Schokostückchen

40 g Bitterschokolade (70 % Kakao)
Orangenschale
75 g Butter
1 EL Haselnussöl
50 g Fruchtzucker
1 Prise Salz
125 g Kamutmehl oder je 60 g Vollkornweizen- und Kamutmehl

Backofen auf 200 °C vorheizen. Schokolade in kleine Stückchen schneiden. Orangenschale in dünne Streifen schneiden und dann fein hacken. Zimmerwarme Butter, Öl, Zucker und Salz in einer Schüssel schaumig schlagen. Nach und nach das Mehl unterrühren. Schokolade und Orangenschale untermischen. Den Teig gut durchkneten, dann teelöffelweise zu kleinen Kugeln formen. Auf ein beschichtetes Backblech setzen, leicht flach drücken und 15 Minuten goldbraun backen. Auf einem Gitter auskühlen lassen und luftdicht aufbewahren.

Cashewkern-Kekse

75 g Cashewkerne, gehackt
2 EL Leinsamen
125 g Weizenvollkorn- oder Kamutmehl
100 g Butter
5 EL Fruchtzucker
2 EL Ahornsirup
1 Prise Salz

Backofen auf 175 °C vorheizen. Cashewkerne und Leinsamen unter das Mehl mischen. Zimmerwarme Butter, Zucker, Ahornsirup und Salz in einer Schüssel schaumig schlagen. Nach und nach die Mehlmischung unterrühren. Den Teig gut durchkneten. Ein Backpapier auf die Arbeitsfläche legen und den Keksteig mit einem leicht bemehlten Nudelholz darauf ausrollen. Mit einer Ausstechform Kekse ausstechen, auf ein gefettetes Backblech setzen und 15 Minuten goldbraun backen. Auf einem Gitter auskühlen lassen und luftdicht aufbewahren.

Orangenkekse mit Schokostückchen
Cashewkern-Kekse
Müsliriegel mit Bitterschokolade
Gewürz-Müsliriegel
Schokoladenkekse

Beerenauflauf mit Knusperkruste

Beerenauflauf mit Knusperkruste

- 100 g Kamut- oder Weizenvollkornmehl
- 25 g Haferflocken
- 125 g kalte Butter
- 1 Prise Salz
- 60 g Pekannüsse, fein gehackt
- 6 gehäufte EL brauner Zucker
- Beeren (Erdbeeren, Heidelbeeren, Himbeeren, Brombeeren)

Backofen auf 160 °C vorheizen. Mehl, Haferflocken, Butter, Salz, Pekannüsse und Zucker mit einer Gabel oder den Fingern zu einer krümeligen, trockenen Mischung verarbeiten. Beiseitestellen.
Die Beeren (außer Heidelbeeren) in Stücke schneiden und in eine Auflaufform oder in feuerfeste Portionsschalen geben. Großzügig mit der Krustenmischung bestreuen. Im Ofen 15 bis 20 Minuten goldbraun backen. Vor dem Servieren 10 Minuten abkühlen lassen.

Mokka-Granita mit Mandel-Sojaeis

- 250 ml starker Kaffee (Espresso)
- Zucker oder Honig (optional)
- 4 EL fein gehackte Mandeln
- 2 EL Sojaeiscreme Vanille
- Matcha-Grünteepulver

Für die Mokka-Granita den Kaffee nach Wunsch mit etwas Zucker oder Honig süßen. In einen flachen Behälter füllen und 30 bis 60 Minuten tiefgefrieren. Mit einer Gabel durchrühren, um die Eiskristalle gleichmäßig zu verteilen, und weitere 30 Minuten tiefgefrieren. Diesen Vorgang einige Male wiederholen. Die Granita abwechselnd mit dem Mandel-Sojaeis (siehe unten) in Dessertgläser schichten. Sofort servieren oder tiefgefrieren.
Für das Mandel-Sojaeis die Hälfte der Mandeln und die Sojaeiscreme mit Teepulver bestreuen. Alles mit einer Gabel gut mischen und im Gefrierschrank halb gefrieren lassen. Herausnehmen, mit einer Gabel durchrühren, die restlichen Mandeln zufügen und erneut halb gefrieren lassen.

Schokoladen-Granita mit Beeren-Sojaeis

- 1 TL stark entölter Kakao
- 250 ml Wasser
- 1 EL tiefgekühlte Erdbeeren oder Himbeeren
- 2 EL Sojaeiscreme Vanille
- 4 EL fein gehackte Pistazien

Um die Schokoladen-Granita zuzubereiten, den Kakao im kochenden Wasser auflösen. Abkühlen lassen. Dann wie bei der Mokka-Granita verfahren.
Für das Beeren-Sojaeis die Früchte pürieren und gründlich mit der Sojaeiscreme vermengen. In den Gefrierschrank stellen. Wenn die Mischung halb gefroren ist, 2 Esslöffel Pistazien zugeben. Mit einer Gabel durchrühren und gut mischen. Erneut halb gefrieren lassen. Aus dem Gefrierschrank nehmen, durchrühren, die restlichen Pistazien zufügen und nochmals halb gefrieren lassen.

Beerenauflauf
mit Knusperkruste

Schokoladen-Tarte

mit Birnen

Mürbeteig für 1 Tarte (Ø 24 cm)

- 125 g Weizenvollkornmehl
- 125 g Zucker
- 1 Prise Salz
- 125 g kalte Butter, gewürfelt
- 1 Ei, verquirlt

Belag

- 200 g Bitterschokolade (70 % Kakao)
- 40–80 g Nüsse (Macadamia, Haselnüsse, Pekannüsse), fein gehackt
- 30 g Butter, zerlassen
- 2–3 reife feste Birnen (z. B. Bosc)
- Zitronensaft

Mehl, Zucker und Salz in eine Schüssel geben. In die Mitte eine Vertiefung drücken, Butter und Ei hineingeben und zügig zu einem grob krümeligen Teig verarbeiten (nicht zu lange kneten). Den Teig auf einem Backpapier zu einem Kreis flach drücken und 1 Stunde kalt stellen. Eine Tarteform mit herausnehmbaren Boden oder eine normale Quicheform (Ø 24 cm) einfetten. Den Teig zu einem 26 cm großen Kreis ausrollen und vorsichtig in die Form drücken. Den Boden und die Seiten mit einer Gabel einstechen. Mindestens 1 Stunde im Kühlschrank ruhen lassen. Im vorgeheizten Ofen bei 200 °C 5 Minuten backen, bis der Teig fest wird. Aus dem Ofen nehmen und den Rand mit einem scharfen Messer säubern. Dann weitere 10 bis 15 Minuten goldbraun backen. Abkühlen lassen.

Für den Belag die Schokolade im Wasserbad schmelzen. Nüsse und Butter unterrühren und etwas abkühlen lassen. Birnen schälen und entkernen, in dünne Scheiben schneiden und mit Zitronensaft beträufeln. Einige Minuten ziehen lassen, dann den überschüssigen Saft abtropfen lassen. Die Schokoladen-Nussmischung auf dem ausgekühlten Boden verstreichen und die Birnenscheiben dekorativ darauflegen.

Schokoladen-Tarte
mit Birnen

Tarteletts

4 Zitronenmousse-Tarteletts (Ø 12 cm)

Kokosmürbeteig

- 150 g Kamut- oder Weizenvollkornmehl
- 1 TL gemahlener Leinsamen (optional)
- 2 EL Kokosraspel, zermahlen
- Zitronenschale
- 1 Prise Salz
- 50 g kalte Butter, gewürfelt
- 3–4 EL kalte Milch
- 1 Eigelb

Zitronenmousse

- 2 EL Gelatinepulver
- 125 ml zimmerwarmes Wasser
- 75 g Fruchtzucker
- 1 EL Honig
- Saft von 3 Zitronen
- 250 ml Vanillesojamilch
- 4 Eiweiß
- 2 EL Fruchtzucker oder 4 EL Kristallzucker

Mehl, Leinsamen, Kokosraspeln, Zitronenschale und 1 Prise Salz in einer Schüssel mischen. In die Mitte eine Vertiefung drücken, Butter hineingeben und mit zwei Messern oder den Fingern einarbeiten. Milch und Eigelb zufügen und alles zu einem Teig verkneten. In 4 kleine Kugeln teilen und mit Frischhaltefolie abgedeckt 1 Stunde im Kühlschrank ruhen lassen. Den Teig kreisförmig ausrollen und die Tartelett-Formen damit auslegen. Mit einer Gabel einstechen und mit Backbohnen beschweren. Im Ofen bei 175 °C 15 Minuten backen. Ganz auskühlen lassen.

Für die Zitronenmousse die Gelatine in das zimmerwarme Wasser rühren und 5 Minuten stehen lassen. Zucker, Honig und Zitronensaft in einem kleinen Topf bei mittlerer Hitze unter ständigem Rühren zum Kochen bringen. Die Gelatinemischung einrühren. Wenn sich alle Zutaten aufgelöst haben, die Mischung vom Herd nehmen, in eine Schüssel geben und mind. 30 Minuten kalt stellen, bis sie dick zu werden beginnt. Sojamilch zugeben und gründlich unterrühren. 35 bis 40 Minuten kalt stellen. Eiweiße steif schlagen, dabei nach und nach den Fruchtzucker zugeben. Die Zitronencreme kräftig aufschlagen, dann vorsichtig den Eischnee unterheben. Diese Mousse auf den ausgekühlten Tartelettböden verstreichen und mit Zitronenschale garniert servieren.

4 Erdbeer-Sahne-Tarteletts (Ø 12 cm)

Mandelmürbeteig

- 100 g Mandeln
- 125 g Weizenvollkornmehl
- 2 EL Zucker
- 1 TL Zitronenschale
- 1 Prise Salz
- 100 g kalte Butter, gewürfelt
- 1 großes Ei, verquirlt

Erdbeer-Sahne-Füllung

- 250 g frische Erdbeeren
- 4 EL Zitronensaft
- 125 g Fruchtzucker
- 250 g Schlagsahne
- Pfefferminzextrakt (optional)
- 2 Eiweiß
- 1 Prise Salz

Mandeln ohne Fett anrösten und in der Küchenmaschine fein mahlen. Mehl, Zucker, Zitronenschale und Salz zugeben und 3 bis 4 Sekunden mischen. Butter zugeben und einige Sekunden einarbeiten, bis eine fein krümelige Mischung entsteht. Ei zufügen und zu einem Teig verarbeiten. Zu 4 Kugeln formen und mit Frischhaltefolie abgedeckt 10 Minuten kalt stellen. Backofen auf 200 °C vorheizen. Die Arbeitsfläche mit Mehl bestäuben, den Teig darauf zu 15 cm großen Kreisen ausrollen und die Formen damit auslegen. Den Boden mit einer Gabel einstechen und im Ofen 12 bis 15 Minuten backen. Ganz auskühlen lassen.

Erdbeeren mit Zitronensaft und Fruchtzucker im Mixer pürieren (einige Früchte für die Garnierung beiseitelegen). Sahne in einer Schüssel steif schlagen. Vorsichtig Pfefferminzextrakt und das Erdbeerpüree unterziehen. Eiweiß mit 1 Prise Salz in einer anderen Schüssel steif schlagen. Den Eischnee unter die Erdbeercreme heben. Die ausgekühlten Tartelettböden mit dieser Creme füllen und einige Stunden kalt stellen. Kurz vor dem Servieren mit frischen Erdbeeren garnieren.

Zitronenmousse-Tartelett
Erdbeer-Sahne-Tartelett

Schokoladen-Strudel

mit Walnüssen

6–8 Portionen

- 1 Portion Blätterteig, s. Rezept unten (oder 1 Paket küchenfertiger Teig)
- 1 Ei, verquirlt

Füllung

- 100–150 g Bitterschokolade (70 % Kakao)
- 30 g Butter
- 50 g Walnüsse, gehackt

Backofen auf 200 °C vorheizen. Für die Füllung Schokolade im Wasserbad schmelzen, Butter zufügen und gut verrühren. Die Arbeitsfläche und das Nudelholz mit Mehl bestäuben und den Teig zu einem 30 x 40 cm großen Rechteck ausrollen.
Die leicht abgekühlte Schokolade (sie darf nicht zu flüssig sein) auf dem Teig verstreichen, dabei rundherum am Rand 4 cm frei lassen. Walnüsse darüberstreuen. Den Teig von einer der langen Seiten her aufrollen und die Ränder fest zusammendrücken. Mit der Naht nach unten auf ein Backpapier legen. Mit Ei bestreichen und im Ofen 30 bis 35 Minuten goldbraun backen. Vor dem Servieren 30 Minuten auf einem Gitter abkühlen lassen.

Butterblätterteig

Die eigene Herstellung von Blätterteig erfordert etwas Mut und viel Zeit (etwa 4 Stunden). Für die Zubereitung kann reine Butter verwendet werden, auch wenn manche Experten meinen, dass Industriebackfette, sogenannte „Ziehmargarinen", den Teig lockerer machen. Ein ähnlicher Effekt lässt sich auch mit Zitronensaft erzielen: Meine Mutter nahm daher für ihren Blätterteig immer Zitronensoda statt Wasser. Küchenfertig zu kaufender Blätterteig ist zwar bequem und praktisch, doch wie alle kommerziellen Backwaren enthält er Industriebackfette, die einen hohen Gehalt an gesättigten Fettsäuren und Transfettsäuren aufweisen. Solche Lebensmittel sollten nach und nach aus unserem Einkaufskorb verbannt werden, da diese Fettsäuren oftmals dazu beitragen, das Risiko für Herzerkrankungen zu erhöhen. Achten Sie deshalb darauf, derartige Produkte nur in Maßen zu konsumieren.

Butterblätterteig

- 200 g Mehl
- 1 TL Salz
- 100 ml kaltes Wasser
- 150 g kalte Butter
- plus 50 g kalte Butter

Mehl und Salz auf die Arbeitsfläche geben. In die Mitte eine Vertiefung drücken, das Wasser hineingeben und untermischen. Butter kleine Würfel schneiden und mit den Fingern in die Mehlmischung einarbeiten, bis ein fester Teig entsteht (bei Bedarf noch etwas Wasser zufügen). Zu einer Kugel formen und in Frischhaltefolie eingewickelt 30 Minuten ruhen lassen.

Den Teig zu einem 25 x 25 cm großen und 2 cm dicken Quadrat ausrollen. Die zusätzliche Butter zwischen 2 Lagen Backpapier zu einem dünnen Rechteck ausrollen und in die Mitte des Teigs geben.
Die Seiten des Teigs wie einen Umschlag über die Butter falten. Dann den Teig zwischen Backpapier zu einem ziemlich dünnen Rechteck ausrollen, ein Drittel zur Mitte falten und dann erneut umfalten, sodass der Teig in drei Schichten übereinanderliegt. Um 90° drehen, noch einmal ausrollen und wieder in Dritteln zusammenfalten. Mit Frischhaltefolie abgedeckt 20 Minuten ruhen lassen. Den kompletten Vorgang mit dem zweimaligen Ausrollen, Falten und der anschließenden Ruhezeit noch zwei weitere Male wiederholen. Dann ist der Blätterteig gebrauchsfertig!

Schokoladen-Strudel mit Walnüssen

Joghurt-Küchlein
mit Heidelbeer-Honig-Sauce

10 Portionen

125 g Weizenvollkornmehl
1/2 TL Backpulver
3 TL Traubenkernöl
125 g Zucker
1 TL Vanilleextrakt
4 EL fettarmer Naturjoghurt
4 EL fettarme Milch
2 Eiweiß

Heidelberg-Honig-Sauce

250 ml Wasser
1/2 TL Zitronensaft
4 EL Honig
4 TL Stärke
300 g Waldheidelbeeren

Backofen auf 175 °C vorheizen. Mehl und Backpulver zweimal sieben. Öl, Zucker und Vanilleextrakt in einer Schüssel vermischen. Joghurt und Milch zufügen. Nach und nach das Mehl zugeben und unterrühren. In einer anderen Schüssel das Eiweiß steif schlagen und vorsichtig unter den Teig heben. Sofort in eine gebutterte und mit Mehl ausgestäubte Form (oder mehrere kleine Formen) geben und 30 Minuten backen, bis sich der Teig in der Mitte elastisch anfühlt. 10 Minuten abkühlen lassen, dann aus der Form lösen und auf einem Gitter vollständig auskühlen lassen.

Für die Sauce Wasser, Zitronensaft und die Hälfte des Honigs zum Kochen bringen. Stärke mit etwas Wasser anrühren und mit den Heidelbeeren in den Topf geben. Die Sauce unter Rühren ein wenig eindicken lassen. Den restlichen Honig zufügen.

Zur Dekoration die eine Hälfte des Kuchens mit Kakao oder Puderzucker bestäuben (die andere Hälfte währenddessen mit Backpapier abdecken). Die zimmerwarme Heidelbeersauce darübergeben und servieren.

Schokoladen-Soufflé

4 Portionen

75 g Butter
100 g Bitterschokolade
3 Eier (getrennt)
2 EL Zucker
1 TL Mehl
1 TL stark entölter Kakao
1 Prise Salz
Puderzucker

Backofen auf 220 °C vorheizen. Butter in einem kleinen Topf bei mittlerer Hitze zerlassen. Schokolade im Wasserbad schmelzen und abkühlen lassen. Eigelb mit 1 1/2 Esslöffeln Zucker cremig schlagen. Mehl, Kakao, Salz und die abgekühlte Butter unterrühren. Eiweiß in einer anderen Schüssel steif schlagen, den restlichen Zucker zugeben und einige Sekunden unterrühren. Die abgekühlte Schokolade unter die Eigelbcreme ziehen. Den Eischnee in kleinen Portionen zugeben und vorsichtig unterheben. Den Teig in vier gebutterte und mit einer Kakao-Mehl-Mischung ausgestäubte Ramequins (kleine Auflaufformen) geben. Im Ofen 7 bis 8 Minuten backen, bis die Oberseite fest, das Innere aber noch weich ist. In den Formen oder ausgelöst, nach Geschmack mit Puderzucker bestäubt servieren.

Joghurt-Küchlein mit Heidelbeer-Honig-Sauce

Teekuchen
mit Pinienkernen und Aprikosen

- 75 g zimmerwarme Butter
- 50 g brauner Zucker
- Saft und abgeriebene Schale von 1 Orange
- 100 g Weizenvollkornmehl
- 50 g Stärke
- 1 Prise Salz
- 75 g Pinienkerne
- 75 g getrocknete Aprikosen, gehackt

Butter und Zucker schaumig schlagen. Orangensaft und Orangenschale zufügen. Nach und nach Mehl, Stärke, Salz, Pinienkerne und die mit etwas Mehl bestäubten Aprikosen untermischen. Den Teig in eine gebutterte und mit Mehl ausgestäubte Kastenform geben. Im vorgeheizten Ofen bei 150 °C 50 Minuten backen. Auf ein Gitter stürzen und vor dem Servieren vollständig auskühlen lassen.

Teekuchen
mit Schokolade und Cranberrys

- 150 g Kamut- oder Weizenvollkornmehl
- 2 TL Backpulver
- 1 TL Kakao
- 1 Prise Salz
- 125 g Butter, gewürfelt
- 2 Eier, verquirlt
- 2 EL Honig
- 4 EL Zitronensaft
- abgeriebene Schale von 1 Zitrone
- 40 g getrocknete Cranberrys
- 1 TL geriebener Ingwer (optional)
- 50 g Bitterschokolade (70 % Kakao)

Backofen auf 150 °C vorheizen. Mehl, Backpulver, Kakao und Salz mischen. Zimmerwarme Butter, Eier, Honig, Zitronensaft und Zitronenschale schaumig schlagen. Nach und nach die Mehlmischung unterrühren. Cranberrys in Mehl wenden und mit Ingwer bestreuen, Schokolade in kleine Stückchen schneiden. Beides ganz zum Schluss zum Teig geben. Eine Kastenform buttern und sorgfältig mit Mehl ausstäuben, damit sich der Kuchen gut aus der Form löst. Den Teig hineingeben und im vorgeheizten Ofen 45 Minuten backen. Auf ein Gitter stürzen und vor dem Servieren vollständig auskühlen lassen.

Teekuchen mit Pinien-
kernen und Aprikosen

Guten Appetit!

Glossar

Ablöschen: Zugabe einer Flüssigkeit (Wasser, Wein, Brühe, Zitronensaft, Sahne – je nach Gericht) in eine heiße Pfanne, in der zuvor etwas angebraten wurde. Der karamellisierte Bratensaft wird so gelöst und geht in die Sauce über.

Abschäumen: Entfernen des Schaums, der sich an der Oberfläche z. B. einer Brühe bildet.

Baharat: Gewürzmischung aus der Golfregion. Besteht aus schwarzem und weißem Pfeffer, edelsüßem Paprika, Koriander, Nelken, Kreuzkümmel, Kardamom und Muskat.

Binden: Verändern der Konsistenz, z. B. Andicken einer Sauce mit Bindemitteln wie Butter, Sahne, Mehl oder Eigelb.

Blanchieren: kurzes Kochen in siedendem Salzwasser.

Bouquet garni: Kräutermischung zur Aromatisierung von Suppen, Brühen und Eintöpfen, die u. a. aus Thymian, Petersilie und Lorbeerblättern besteht. Die Größe ist von der zu aromatisierenden Flüssigkeitsmenge abhängig. Frische Kräuter werden zu einem Sträußchen (bouquet) gebunden, getrocknete Kräuter in Mull gewickelt.

Con Carne: ist Spanisch und bedeutet „mit Fleisch".

Dämpfen: Garen im Wasserdampf, wobei die Speise durch einen speziellen Einsatz nicht mit dem Wasser in Berührung kommt.

Duxelles: fein gehackte Mischung aus Champignons und Schalotten oder Knoblauch, die für Füllungen verwendet wird.

Enokitake: kleine, langstielige, sehr dekorative asiatische Pilze mit mildem Aroma. Im Kühlschrank eine Woche haltbar.

Fünf-Gewürze-Pulver: chinesische Würzmischung, die traditionell aus Sternanis, Fenchel, Zimt, Pfeffer und Gewürznelken besteht.

Kamut: besonders protein- und nährstoffreiche Weizensorte, deren Körner fast doppelt so groß sind wie herkömmlicher Weizen.

Mehlschwitze: in Butter angeschwitztes Mehl zum Binden von Saucen.

Mirin-Sauce: leicht süßliche Würzsauce, die Speisen ein feines Aroma und appetitlichen Glanz verleiht. Wird u.a. aus Essig und fermentiertem Reis hergestellt.

Miso: natürlich fermentierte Sojabohnenpaste mit sehr hohem Nährwert, die in Japan eine beliebte Grundlage für Brühen ist.

Nudeln, asiatische: In der asiatischen Küche gibt es eine große Vielfalt an Nudelsorten. Die weißlichen Faden- oder Bandnudeln, die es in unterschiedlichen Breiten gibt (z. B. Reis-Vermicelli oder Fadennudeln), werden aus Reismehl oder Mungobohnen hergestellt. Die gelblicheren Varianten sind meist aus Weizenmehl (wie u. a. Ramen-Nudeln, die vor allem in Japan sehr beliebt sind, oder die dünnen Somen-Nudeln, die ebenso aus der japanischen Küche stammen wie die dickeren Udon-Nudeln); verwendet wird aber auch Buchweizen-, Pfeilwurz- oder Süßkartoffelmehl.

Pak-Choi: chinesischer Blätterkohl, der einen leichten Senfgeschmack hat und mit seinen weißen Stielen und grünen Blättern ein wenig an Mangold erinnert.

Pancetta: gepökelter und luftgetrockneter Bauchspeck aus Italien.

Pochieren: Garziehen in einer heißen Flüssigkeit, die nicht kochen darf.

Schmoren: langsames Garen bei kleiner Hitze im geschlossenen Topf mit wenig Flüssigkeit.

Seidentofu: sehr weiche Tofusorte.

Tomatillo: mittelamerikanische Frucht aus der Physalisfamilie, die wie die Kapstachelbeere in einer papierartigen Hülle heranreift.

Wakame: essbare, mineralstoffreiche Braunalgen aus der japanischen Küche. Getrocknete Wakame-Algen vor Verzehr einweichen.

Wasabi: sehr scharfer grüner Meerrettich aus Japan.

Register

Guten Appetit!